AI와 비영리 조직

AI문고

인공지능 시대입니다. 기계가 인간의 인지를 대신하고, 사물이 인간을 통하지 않고 다른 사물과 직접 커뮤니케이션합니다. 이에 따른 인간 삶과 문명 변화를 정확히 이해 · 예측 · 대응하는 것은 이 시대 우리 모두의 과제입니다. AI문고는 인공지능 기술과 환경의 여러 주제를 10가지 키워드로 정리합니다. 관련 개념과 이론, 학계와 산업계의 쟁점, 우리 일상의 변화를 다룹니다. 인간과 기술의 현재, 미래를 세심히 분석합니다.

일러두기

- 인명, 작품명, 저서명, 개념어 등은 한글과 함께 괄호 안에 해당 국가의 원어를 병기했습니다.
- 외래어 표기는 현행 어문규정의 외래어표기법을 따랐습니다.

처음이세요?

전문가세요?

AI와 비영리 조직

황흥기

대한민국, 서울, 커뮤니케이션북스, 2025

AI와 비영리 조직

지은이 황홍기
펴낸이 박영률

초판 1쇄 펴낸날 2025년 10월 22일

커뮤니케이션북스(주)
출판 등록 2007년 8월 17일 제313-2007-000166호
02880 서울시 성북구 성북로 5-11
전화(02) 7474 001, 팩스(02) 736 5047
commbooks@commbooks.com
www.commbooks.com

ISBN 979-11-430-1383-5 03500

책값은 뒤표지에 표시되어 있습니다.

차례

AI와 비영리 조직의 만남

기술의 확산, 비영리 조직의 새로운 전환점

비영리 조직은 항상 부족한 자원으로 사회 문제를 해결해 왔다. 하지만 최근 몇 년 사이의 변화는 자원 부족을 넘어 조직의 존립을 위협하는 구조적인 위기로까지 이어지고 있다. 행정의 투명성에 대한 사회적 요구는 높아지고, 신규 기부자와 기존 기부자의 유지율은 낮아지고, 인력은 과중한 업무로 인해 조직을 떠나고 있다. 이런 상황은 비영리 조직이 기존 방식만으로는 더 이상 지속 가능하기 어렵다는 사실을 분명하게 보여준다.

또한 디지털 기술은 노인 · 장애인 돌봄의 효율성을 높이는 동시에, 돌봄 서비스의 질을 새롭게 전환할 수 있는 중요한 기반이 된다(윤민석 외, 2025). 이런 맥락에서 인공지능의 등장은 단순한 도구가 아니라 전략적 자원으로 주목받고 있다. 기부자와의 관계를 개인화하며, 행정 업무를 자동화하여 업무 효율을 높이고, 사회적 가치를 정량적으로 입증할 수 있는 능력을 제공하기 때문이다. UN과 OECD가 'AI for Good', 'AI for Social Good'을 주요 의제로 다루는 것도 같은 이유다. 기후 위기, 재난 대응, 난민 지원 등에서 이미 AI는 전통적 방법으로는 해결하기 어려운 복잡성을 해결하는 역할을 하고 있다. 이러한 흐름은 비영리 조직에도 더 이상 선택의 여지가 없는 변화 요구가 나타나고 있다.

기술의 확산은 위기와 기회를 동시에 가져온다. 기술을 외면하는 조직은 점점 신뢰와 지원에서 멀어지고, 기술을 수용하는 조직은 새로운 가능성을 확보한다. 특히 생성형 AI의 발전은 비영리 조직의 운영 방식과 사회 문제 대응 방식을 근본적으로 바꾸고 있다. 문서 작성, 회의록 정리, 민원 응대 같은 반복 업무는 AI가 대신할 수 있고, 사람은 본질적인 관계와 서비스에 집중할 수 있게 된다. 이는 단순한 효율 개선이 아니라, 비영리 조직의 정체성과 운영 방식을 새롭게 전환하는 중요한 요소가 된다.

이제 중요한 것은 '기술을 얼마나 빠르게 도입할 것인가'가 아니라 '기술을 통해 무엇을 어떻게 바꿀 것인가'라는 질문에 답하는 것이다. 비영리 조직은 사회적 신뢰를 기반으로 운영되며, 기술 도입은 곧 그 신뢰를 지켜내는 방식과 직결된다. 조직의 투명성을 강화하고, 기부자의 신뢰와 참여 경험을 높이며, 사회적 가치를 증명하는 과정에서 AI는 강력한 기폭제가 될 수 있다. 따라서 기술의 확산은 곧 비영리 조직이 새로운 전환점을 맞이하고 있음을 의미한다.

사람과 기술의 협력, 신뢰를 지켜내는 길

AI는 비영리 조직의 업무 효율성과 생산성을 높이는 도구로 주목받고 있다. 그러나 효율성과 생산성의 증가는 곧바로 조직의 신뢰 확보로 이어지지 않는다. 지역 주민과 기부자가 바라는 것은 단순한 편리함이 아니라, 자신의 맡긴 기부금이 사회적 가치를 위해 올바르게 사용되고 있다는 확신이다. 비영리 조직의 존재 기반이 공공의 신뢰에 있다는 점을 고려하면, AI 활용은 신뢰를 지켜내는 방식과 연결되어야 한다.

AI의 가장 큰 장점은 대규모의 데이터를 빠르고 정확하게 처리할 수 있다는 데 있다. 수많은 기부자 정보, 민원 내용, 요청 문서 등을 신속히 정리할 수 있고, 알고리즘은 패턴을 분석해 위험 신호를 조기에 알려준다. 최근 AI 기술이 데이터 분석 및 통계 처리에서 중요한 역할을 수행하면서, 인공지능 기술을 활용한 조사 데이터의 신뢰성과 정확성을 개선하는 방안에 대한 관심이 높아지고 있다(이기호 외, 2025). 하지만 이런 결과가 이해하기 어렵거나 불투명하다면 오히려 신뢰를 떨어트릴 수 있다. 따라서 기술이 내놓은 판단을 그대로 따르기보다, 그 과정을 설명하고 결과를 검증하는 절차가 반드시 필요하다. 투명성과 설명 가능성은 신뢰의 핵심이기도 하다.

AI의 판단 과정이 명확히 설명될 때, 조직은 결과를 신뢰할 수 있고 업무 전반의 투명성이 높아진다. 데이터가 어떻게 수집·분석되고, 어떤 기준으로 결론에 이르렀는지가 명확히 공유되어야 한다. 그래야 AI가 통제의 대상이 아닌 신뢰 가능한 협력 도구로 기능할 수 있다.

사람과 기술의 협력은 역할의 분명한 구분에서 시작된다. 반복적이고 구조화된 작업은 AI에게 맡기고, 관계 형성과 윤리적 판단은 반드시 사람이 맡아야 한다. 위기 상황에서 클라이언트에게 전해지는 공감과 위로는 알고리즘이 대신할 수 없다. 반대로 데이터 분석과 위험 예측은 AI가 사람보다 훨씬 정확하고 빠르게 처리할 수 있다. 이처럼 각자의 강점을 살리는 협력이 이루어질 때, 조직은 더 큰 신뢰를 쌓고 발전해 갈 수 있다.

또 하나 중요한 점은 책임 소재다. AI가 잘못된 예측을 하거나 정확하지 않은 정보를 제공했을 때, 그 책임은 누구에게 있는가? 비영리 조직은 사회적 책무성이 강하게 요구되는 영역이므로, 언제나 최종 판단과 책임은 사람에게 있다는 원칙을 분명히 해야 한다. 그리고 이러한 내용은 조직의 내부 지침과 직원 교육으로도 이어져야 한다. 기술은 보조 수단에 불과하며, 의사결정의 주체는 조직과 직원이라는 사실이 명확히 제시되어야 신뢰가 유지된다.

핵심은 기술보다 사람을 중심에 두는 것이다. AI는 인간의 손길을 대신할 수 없지만, 그 손길을 더 멀리 확장시키는 도구가 될 수 있다. 행정의 부담은 줄이고, 반복적인 업무를 대신 처리함으로써 사람의 본질적인 관계와 의사결정에 더 많은 시간을 투입할 수 있다. 신뢰를 잃지 않으면서 혁신을 이루는 길, 그것이 바로 비영리 조직이 AI와 함께 가야 할 방향이다.

참여와 공존, 함께 만드는 미래

AI를 둘러싼 논의는 기술의 발전 속도나 효율성의 결과에 집중된다. 그러나 비영리 조직에 중요한 질문은 "어떻게 더 빠르게 사용할 수 있는가"가 아니라 "누구와 함께, 무엇을 위해 사용할 것인가"다. 기술은 혼자 완성되지 않는다. 현장의 실무자, 개발자 그리고 서비스를 이용하는 당사자가 함께 참여할 때 비로소 의미 있는 변화가 시작된다.

AI의 잠재력은 무한하다. 주민들과 관계를 세밀하게 관리하며, 행정 절차를 줄여주며, 프로그램의 효과성을 수치로 입증할 수 있다. 하지만 이 과정에서 현장의 목소리와 당사자의 경험이 배제된다면, 기술은 오히려 사람을 소외시키는 도구가 될 수 있다. 클라이언트가 남긴 기록은 데이터가 아니라 삶의 일부이며, 이런 삶을 존중하는 태도가 없다면 아무리 정교한 AI라도 신뢰를 얻을 수 없다. 따라서 AI 활용의 출발점은 사람의 존엄성을 지키는 원칙이어야 한다.

참여의 확대는 기술의 한계를 보완하는 힘이 된다. 실무자가 직접 AI 도구를 사용하며 해결책을 찾고, 클라이언트가 사용자 경험을 공유하며 피드백을 제공하는 구조가 필요하다. 개발자 역시 비영리 조직의 특수성을 이해하고 함께 설계 과정부터 참여할 때, 기술은 현실에 맞게 작동할 수 있다. 이는 단순한 협업을 넘어 코크리에이션(Co-creation), 공동 창조의 과정이라 할 수 있다.

공존의 관점 또한 중요하다. AI가 사람을 대체하는 것이 아니라, 사람의 역량을 확장하는 방식으로 자리매김해야 한다. 비영리 조직은 신뢰와 관계를 기반으로 운영된다. 따라서 AI는 관계를 확장하고 발전하는 도구로 활용되어야 한다. AI가 기부자의 관심사를 분석해 맞춤형

정보를 제공할 때, 실무자는 그 결과를 토대로 더 다양한 소통을 이어갈 수 있다. 기술이 다리를 놓아주고, 사람이 그 다리를 건너 의미 있는 관계를 만들어 가는 것이다.

결국 비영리 조직의 미래는 기술과 사람 중 어느 한쪽에 있지 않다. 서로 다른 영역의 참여자들이 함께 공존하며 책임을 나누어 가질 때, AI는 사회적 가치를 실현하는 막강한 도구가 된다. 효율성의 논리를 넘어, 사람 중심의 가치와 공동체적 참여가 결합할 때 비영리 조직은 지속 가능한 미래로 나아갈 수 있다.

목차 구성과 내용 설명

이 책은 현장의 경험과 비영리 조직의 환경을 바탕으로 AI가 비영리 조직에 어떤 변화를 가져오는지 열 개의 아이템으로 나누어 설명한다. 각 장은 현장의 핵심 기능과 AI의 역할을 중심으로 실제 적용 가능성과 한계를 함께 짚어낸다.

1장 "AI와 사례관리"에서는 사회 복지의 꽃이라고도 불리는 사례관리 과정에서 어떤 보조적 역할을 할 수 있는지 살펴본다. 기록, 위험 예측, 정보 제공의 가능성을 분석하면서도, 사람 중심의 관계와 신뢰라는 본질을 지켜내야 함을 강조한다.

2장 "AI와 상담"에서는 읍면동 AI 복지 상담 전화와 같은 실제 시도를 통해, AI가 상담 업무에서 행정 부담을 줄이고 접근성을 높이는 방식을 정리한다. 동시에 공감과 대화는 여전히 사람의 몫이라는 점을 이야기한다.

3장 "AI와 모금"에서는 기부자 데이터 분석과 맞춤형 캠페인 설계를 통해 모금 활동이 어떻게 달라질 수 있는지를 설명한다. 기부자 유지와 신뢰 형성의 중요성을 함께 다룬다.

4장 "AI와 프로그램 기획 · 운영"에서는 지역과 참여자의 변화를 분석하고, 평가와 성과 측정을 정밀하게 지원하는 AI의 활용 방식을 보여준다. 프로그램이 본래 목적에 충실할 수 있도록 돕는 기반을 살펴본다.

5장 "AI와 자원봉사"에서는 봉사자 모집, 배치, 관리 등 반복 업무를 지원하는 AI의 기능을 소개한다. 이를 통해 자원봉사 경험이 어떻게 더 풍부하게 확장될 수 있는지 탐구한다.

6장 "AI와 행정 · 회계"에서는 비영리 조직의 행정 업무, 회계 등에서 AI가 투명성과 효율성을 동시에 확보하는 방법을 정리한다. 조직의 신뢰를 강화하는 운영 구조로 이어지는 흐름을 다룬다.

7장 "AI와 슈퍼비전"에서는 비영리 조직에서 중요한

슈퍼비전에서 AI가 어떤 변화를 만드는지를 살펴본다. 그러나 최종 판단과 관계 형성은 결국 사람임을 분명히 한다.

8장 "AI와 비영리 조직 윤리"에서는 데이터 편향, 개인정보 보호, 투명성 부족 같은 윤리적 쟁점을 논의한다. AI를 조직의 미션과 가치에 맞게 책임 있게 활용하기 위한 원칙을 제시한다.

9장 "AI와 민원 관리"에서는 지역 주민과 기부자의 문의, 피드백을 체계적으로 관리하는 AI 활용법을 설명한다. 형식적인 대응이 아닌 관계를 유지하고 관계를 강화하는 전략을 함께 다룬다.

10장 "AI와 비영리 조직의 미래"에서는 앞으로 비영리 조직의 변화와 기회를 전망한다. 기술의 발전과 함께 나타날 디지털 격차, 윤리적 도전, 신뢰 문제에 어떻게 대응할지를 종합적으로 논의한다.

이처럼 각 장은 독립적으로 읽히면서도, 전체적으로는 AI와 비영리 조직의 협력과 미래 전략이라는 하나의 메시지로 이어진다.

기술이 사회를 변화시키고, 변화되고 있는 사회는 사람을 변화시켜 나가고 있다. 비영리 조직 활동가(사회복지사)에게 AI 시대를 준비하고자 하는 분들에게 조금이

나마 도움이 됐으면 한다.

참고문헌

윤민석 외(2025). “서울시 사회적약자 돌봄 위한 디지털 기술 대응방안: 노인·장애인 중심으로” 서울연구원.

이기호 외(2025). “인공지능(AI) 기반 조사데이터 품질 제고 방안 연구”. 한국보건사회연구원.

01
AI와 사례관리

인공지능의 도입은 사례관리 방식에도 변화를 일으키고 있다. 기록을 자동으로 정리하고, 위험을 예측하며, 필요한 정보를 제공하는 기술은 업무를 효율적으로 지원한다. 그러나 사례관리의 본질은 여전히 사람 중심의 관계와 신뢰에 있다. AI가 만든 효율 위에 인간의 공감이 더해질 때 비로소 의미 있는 변화가 가능하다.

기후 위기와 인공지능?

사례관리의 본질과 AI의 접점

사례관리(Case Management)는 사회 복지 영역에서 꽃이라고 불린다. 그만큼 사회 복지 영역에서 중요도가 높다. 사례관리는 복합적이고 다양한 욕구가 있는 클라이언트와 그 가족의·사회적 기능 회복을 돕는 통합적 실천방법이다(사례관리학회, 2016). 사례관리자의 역할은 전문성을 바탕으로 클라이언트의 상황을 종합적으로 이해하고, 계획하고, 필요한 자원을 찾아 연계하며, 과정을 평가하는 데 있다. 여기서 중요한 것은 사례관리는 단순한 행정이 아니라, 클라이언트와 관계 형성과 신뢰 구축이라는 사람 중심적 가치다. 사례관리자는 사정을 하고 계획을 세우지만, 그 본질은 클라이언트와 함께 문제를 계획하고 새로운 삶의 가능성을 만들어 가는 과정에 있다.

그러나 현실에서 사례관리는 과중한 행정 업무와 문서 작성 부담으로 인해 그 본질적 역할이 흐려지곤 한다. 사례관리자는 하루의 상당 시간을 문서 작성 및 정리, 자료 검색, 일지 작성 등에 소모하며 정작 클라이언트와의 만남에 충분한 시간을 보내기 어렵다. 이러한 한계는 사례관리의 실질적 효과를 떨어뜨리고, 서비스 전달 과정에서 지연이나 누락을 초래하는 요인이 된다.

이를 극복하기 위해 AI는 사례관리의 신뢰성과 효율성을 높여주는 중요한 보조 도구가 될 수 있다. AI는 상담 기록을 자동으로 입력하고 요약하며, 필요한 자원 정보를 빠르게 검색해 제공한다. 복잡한 데이터를 분석해 클라이언트의 위험 요인을 조기에 발견하거나, 지역 자원과 개인의 욕구를 연결해 욕구에 맞는 맞춤형 복지 서비스를 추천할 수도 있다. 또한, 행정 중심의 반복 업무를 줄여 사례관리자가 클라이언트에게 더 집중할 수 있는 환경을 마련해 주는 것이다.

AI는 사례관리의 전 과정을 통합적으로 연결하는 역할을 한다. 접수 단계에서는 대규모 데이터를 분석해 위기 가구를 조기에 발굴하고, 사정 단계에서는 과거 기록과 사회적 환경을 통합적으로 파악해 더 세부적인 계획을 세울 수 있도록 돕는다. 개입 단계에서는 알림과 모니터링 기능을 통해 서비스의 지속성을 보장하고, 종결 단계에서는 데이터를 정리해 다음 개입에 활용하거나 종결하는 근거를 마련한다. 이렇게 AI는 사례관리자의 기능을 확장하는 보조적 역할을 수행하며, 본질적인 사례관리자로서 기능을 강화한다.

결국 사례관리와 AI의 접점은 '대체가 아닌 보완'이라는 원칙에 있다. AI는 인간의 공감, 신뢰, 정서적 지지를 대신할 수 없다. 하지만 반복적이고 구조화된 작업을 대신 수행함으로써 사례관리자가 본래의 전문성, 즉 사람과의 관계 형성에 더 많은 에너지를 쏟을 수 있게 한다. 사례관리의 목적이 클라이언트 스스로 문제를 해결할 수 있는 역량을 키우고 지속 가능한 삶을 살도록 지원하는 과정이라면, AI는 그 과정을 뒷받침하는 도구이자 파트너라고 할 수 있다.

AI가 바꾸는 사례관리의 방식

사례관리는 오랫동안 기록, 계획, 모니터링, 평가 등 사람의 손에 의존해 왔다. 사례관리자는 상담 내용을 정리하고, 많은 자료를 검토하며, 사례 회의에서 계획을 논의하거나 점검했다. 그러나 행정과 문서 작업의 비중은 지나치게 컸고, 정작 클라이언트와 직접 마주하는 시간은 부족했다. 이러한 구조적 문제는 사례관리의 본질적 가치인 관계 형성과 신뢰 구축을 위축시켰다. AI의 도입은 바로 이 지점을 변화시켜, 사례관리의 방식을 새롭게 만들고 있다.

AI는 기록 과정을 자동화하면서 업무 구조를 변화시킨다. 상담 내용을 음성으로 입력하고 핵심만 요약하는 기술은 문서 작성 시간을 획기적으로 줄인다.

영국 스윈던 자치구의 AI 도구 시범 도입 결과에서는 행정 업무 부담을 63% 이상 감소시켰고, 이로 인해 클라이언트와의 직접적인 대면 시간이 크게 늘었다. 관련 자료 검색과 기록에 소요되는 시간이 최대 90%까지 단축된 효과도 확인됐다(Tess de la Mare, 2024).

AI는 위험을 조기에 감지하는 도구로도 기능한다. 전기 및 수도 요금 체납, 공과금 연체 같은 생활 신호를 통합적으로 분석해 위기 상황을 예측할 수 있다. 2024년 보건복지부가 시행한 AI 기반 초기 상담 시스템은 단기간에 수만 가구의 위기 가구를 찾아내며, 복지 사각지대 해소에 기여했다. 이는 과거 노동 집약적 방식으로는 불가능했던 선제적 사례관리의 가능성을 보여준다(보건복지부, 2024).

AI는 또한 서비스 계획을 정교하게 만든다. 개인의 건강, 경제, 사회적 관계망 데이터를 분석하여 맞춤형 서비스를 제안하고, 지역 자원과 연결을 탐색한다. 사례관리자가 놓칠 수 있는 부분을 보완해 의사결정의 질을 높이며, 사례 회의에서 개입 방향에 근거를 제공한다. 이 과정은 단순 전달이 아니라, 클라이언트 상황을 다각적으로 이해하고 대응하는 구조로의 전환을 이끈다.

사례관리의 종결과 평가 단계에서도 변화는 두드러진

다. AI 기반 모니터링은 일상 패턴과 건강 상태를 꾸준히 추적하며, 이상 신호가 감지되면 즉시 알림을 제공한다. 축적된 데이터는 서비스 효과를 객관적으로 평가할 수 있는 자료로 활용되며, 이후 근거가 된다. 이는 일회성 지원을 넘어, 지속성과 제때 맞춤을 확보하는 구조로 사례관리를 바꾸어 놓는다.

결국 AI가 바꾸는 것은 사례관리의 모든 과정을 통합하는 방식이다. 단순 기록과 행정 중심의 구조가 예측과 맞춤 중심으로 이동하고, 사후 대응에 머물던 절차가 선제적이고 예방적인 체계로 전환된다. 기술은 반복적인 업무를 덜어내고, 사례관리자는 관계와 의사결정이라는 본질적 가치에 더 집중할 수 있다. AI는 사례관리의 대체재가 아니라, 사례관리자의 전문성을 강화하는 보완재로서 새로운 균형을 만들어 가고 있다.

사람 중심 사례관리와 AI의 한계

사례관리의 본질은 언제나 사람에게 있다. 사례관리자가 클라이언트와 맺는 관계, 공감과 신뢰를 바탕으로 한 대화, 정서적 지지를 통해서만 변화가 가능하다. AI는 행정 사례관리자의 행정 업무를 대신할 수 있고, 데이터를 분석하여 위험을 조기에 감지하여 예방할 수도 있다.

그러나 인간적 상호작용이 만들어 내는 공감과 관계 형성까지 대체할 수는 없다. 기술이 아무리 정교해져도, 위기 상황에서 건네는 사례관리자의 따뜻한 말 한마디가 주는 공감과 안정감은 AI가 줄 수 없는 가치다.

AI의 판단은 결국 데이터에 의존한다. 데이터는 과거의 기록을 반영하는데, 이 안에서는 이미 사회의 편견과 불평등이 포함되어 있다. 특정 계층이 충분히 대표되지 못하면 AI는 그들을 놓치거나 왜곡된 판단을 내리게 된다. 이러한 편향은 사회 복지의 근본 가치인 형평성과 공정성을 훼손할 위험이 있다. 따라서 사례관리에서 AI가 주도권을 갖게 될 때, 오히려 취약 계층에게 불리하게 작용할 수 있다는 우려를 무시할 수 없다.

또한, AI는 클라이언트를 '숫자와 데이터로만 정의된 존재'로 바라보게 만들 수 있다. 상담 과정에서 자신이 말한 이야기가 숫자와 알고리즘으로 처리된다고 느끼는 순간, 클라이언트는 존엄이 훼손되고 관계가 비인간적으로 변할 수 있다. 사회 복지 실천이 중요하게 여겨온 존엄성과 자기결정권은 기술이 대신해 줄 수 없는 부분이다. AI가 효율성만 강조될 경우, 사회 복지 서비스는 오히려 인간적 온기를 잃을 위험을 안게 된다.

개인정보 보호와 책임성 문제도 중요한 과제로 남는

다. 사례관리 데이터에도 극도로 민감한 정보가 수없이 담겨 있다. 만약 데이터가 유출되거나 잘못된 판단이 발생한다면, 그 피해는 고스란히 클라이언트에게 돌아간다. 그러나 AI 시스템의 오류에 대해 누가 책임을 질 것인지 명확하지 않은 경우가 대부분이다. 최종 판단과 책임은 언제나 사례관리자에게 있어야 하며, AI는 보조 도구에 머물러야 한다는 원칙이 강조되는 이유다.

이러한 한계를 극복하기 위해서는 기술의 역할을 분명히 구분하는 태도가 필요하다. AI는 사례관리의 반복적이고 구조화된 업무를 대신 수행하는 보완재일 뿐이다. 정서적 지지, 관계 형성, 가치 판단은 언제나 사람의 몫으로 남아야 한다. 사례관리의 목표가 클라이언트의 존엄과 권리 보장이라면, AI는 그것을 가능하게 만드는 도구에 불과하다. 사례관리자가 주도권을 잃지 않고, 인간 중심적 가치를 흔들림 없이 지켜갈 때 비로소 기술과 사람은 협력할 수 있다. 그리고 중요한 사례관리의 꽃을 피울 수 있다.

참고문헌

보건복지부(2024.11.24). "어려움 겪는 위기가구 찾기 위해 인공지능(AI) 전화 초기상담 전국시행".

https://www.mohw.go.kr/board.es?mid=a10503000000&bid=0027&list_no=1483698&act=view&

한국사례관리학회(2016). "사회복지 사례관리 표준 실천지침". 2016년도 한국사례관리학회 추계학술대회.

Mare, T. de la(2024.10.4). AI software a 'game changer' for social workers. BBC.
https://www.bbc.com/news/articles/c70wj5wg5r6o

02
AI와 상담

상담은 언제나 누군가의 이야기를 끝까지 들어주는 것에서 시작된다. 그러나 바쁜 현장에서는 기록과 행정이 그 시간을 갉아먹는다. AI는 이러한 부담을 덜어내고, 상담이 다시 본래의 자리에 설 수 있도록 돕고 있다. 기술이 만든 여유 속에서 비로소 사람과 사람의 대화가 깊어지고, 상담은 새로운 가능성을 맞이하고 있다.

노래하는 AI 보컬?

AI 상담의 가능성

2024년부터 전국 읍면동에서 '인공지능(AI) 전화 초기 상담'이 본격적으로 시작되었다. 지자체는 위기 상황에 처한 주민에게 AI 초기 상담을 진행한다는 문자메시지를 시스템으로 발송하여 전화를 받을 수 있도록 사전에 안내한다. 발신자 명 '읍면동 AI 복지 상담'으로 걸려오는 이 전화는 위기 가구를 조기에 발굴하고 복지 욕구를 신속히 파악하기 위한 새로운 방식이다. 불과 1년 사이 43만 명이 넘는 주민과의 통화를 통해 26만 5000명 이상이 실제 복지 서비스로 연계되었다. 이는 기존 행정 인력만으로는 불가능했던 속도와 규모를 가능하게 했다는 점에서 상담 현장의 변화를 상징적으로 보여준다.

AI 상담의 가능성은 크게 세 가지에서 드러난다. 첫째는 효율성이다. 상담에서 가장 많은 시간을 차지하는 것은 행정 업무와 기록인데, AI는 긴 대화 내용을 자동으로 요약하고, 필요한 정보를 정리해 상담사에게 제공한다. 덕분에 상담사는 기록보다 사람과의 대화에 더 집중할 수 있게 된다. 이는 단순한 시간 절약을 넘어, 상담의 본질인 관계 형성에 더 많은 노력을 투입할 수 있도록 돕는다.

둘째는 접근성과 익명성이다. AI 상담은 24시간 언제든 접속할 수 있고, 대면의 부담 없이 익명으로 참여할 수 있다. 상담을 망설이는 내방자에게는 심리적 장벽을 낮춰주는 통로가 된다. 특히 청소년, 1인 가구와 같이 도움을 요청하기 어려웠던 계층이 AI 상담을 통해 첫 발을 내딛고, 이후 상담사와의 대면 상담으로 이어지는 사례가 증가하고 있다. 이는 기존 상담 체계가 닿지 못했던 사각 지대를 해소하는 데 기여한다.

셋째는 임상적 효과다. 여러 연구에서 AI 상담이 우울이나 불안 증상 완화에 유의미한 효과를 보였다는 결과가 확인되었다. 특히 초기 개입이나 저강도 상담에서는 인간 상담사와 비슷한 수준의 관계 형성이 가능하다는 점이 보고되었다. 이는 AI가 단순한 정보 제공을 넘어, 심리적 안정과 정서적 지지에도 일정 부분 기여할 수 있음을 시사한다(Zhong et al., 2024).

물론 한계도 존재한다. AI 상담은 인간만이 줄 수 있는 깊이 있는 공감과 정서적 이해를 대체하지 못한다. 또한 보안, 개인정보 보호 같은 문제도 여전히 풀어야 할 과제다. 따라서 AI 상담은 인간 상담사를 대신하는 것이 아니라, 상담사가 본질적인 역할에 더 집중할 수 있도록 돕는 보조적 도구로 자리매김해야 한다. 특히 연구에서는 AI 상담 챗봇이 위기 상황에서 위험 평가, 긴급 서비스 연결, 전문가 상담 연계라는 기본적 개입을 수행해야 한다는 점을 강조한다(Zhong et al., 2024).

결국 AI 상담의 가능성은 '대체'가 아니라 '확장'에 있다. 기술이 상담의 범위를 넓히고, 상담사가 사람과 더 깊이 만날 수 있는 시간을 확보하게 하는 것, 이것이 AI 상담의 진정한 본질이다. 읍면동 AI 상담의 사례가 보여주듯, 상담은 이제 사람과 기술이 함께 만들어가는 새로운 국면에 들어섰다. 앞으로 필요한 것은 이 흐름을 제도화하고, 윤리적 기준 속에서 안정적으로 정착시키는 일이다.

상담 현장의 변화와 협력 모델

AI의 도입은 상담 현장의 방식을 조금씩 바꾸고 있다. 과거 상담은 모든 과정이 사람의 손을 거쳐야 했다. 대화 기록을 일일이 남기고, 반복적으로 행정 문서를 작성하며, 필요한 자료를 찾아내는 데 상당한 시간이 소요되었다. 그러나 AI는 이러한 업무의 상당 부분을 자동화하면서, 상담 현장이 본래의 역할인 '사람과 사람의 만남'에 더 집중할 수 있는 환경을 만들어주고 있다.

실제 현장에서는 대화를 요약해 주는 AI 도구, 감정 변화나 위기 신호를 포착하는 분석 기술이 활용되면서 상담의 초점이 기록과 관리에서 관계와 지원으로 이동하고 있다. 이는 상담을 대체한다기보다 상담의 구조를 재편하는 과정이다. 상담에 필요한 기본적 자료와 배경 설명은 AI가 제공하고, 상담자는 그 위에서 더 깊은 공감과 정서적 지지를 이어가는 방식이다. 이렇게 사람과 기술이 각자의 강점을 발휘하는 협력 모델이 점차 자리 잡아가고 있다.

비영리 조직에서 이런 변화는 특히 중요하다. 한정된 인력과 예산 속에서 반복 업무에 시간을 빼앗기면 정작 클라이언트와의 만남에 소홀해질 수밖에 없다. AI가 문서 작성이나 기본 질의응답을 담당하면, 상담사는 더 많은 에너지를 관계 형성과 위기 개입에 사용할 수 있다. 이는 단순한 업무 효율을 넘어, 상담의 질을 높이는 구조적 전환으로 이어진다.

또한 AI는 상담의 새로운 협력 구조를 가능하게 한다. 예를 들어, 초기 접수 단계에서는 AI가 기초 정보를 정리하고, 이후 심화 상담 단계에서는 상담가가 개입하는 방식이다. 이렇게 단계별 역할을 분담하면, 한정된 자원을 보다 체계적으로 운영할 수 있다. 나아가 위기 징후가 발견될 경우 즉시 긴급 연락망으로 연결되는 체계도 구축할 수 있어, 협력 모델은 단순한 효율화 이상의 안전망

기능을 제공한다.

그러나 이런 변화는 곧 상담 현장의 정체성을 묻는 질문으로 이어진다. AI가 일정 부분을 맡게 되면서, 상담자의 전문성은 어디에 두어야 할까? 답은 어렵지 않다. AI는 정보를 정리하고 패턴을 분석하는 데 강점을 갖지만, 복잡한 감정과 공감, 그리고 관계를 다루는 일은 사람의 역할이다. 따라서 협력 모델은 기술이 아니라 사람이 중심이 되어야 하며, AI는 보완적 도구로 활용되어야 한다.

결국 상담 현장의 변화는 사람과 기술의 분업에서 비롯된다. 기술은 반복적이고 표준화된 과정을 맡고, 사람은 관계와 신뢰라는 본질을 책임진다. 이 균형이 무너지면 상담은 효율만 남고 전문성을 잃게 된다. 따라서 앞으로의 과제는 AI와 사람이 협력하는 구조를 제도화하면서도 상담의 본질을 지키는 것이다. 현장이 이를 어떻게 선택하느냐에 따라 상담의 미래가 달라질 것이다.

신뢰 기반 상담과 사람 중심 가치

상담의 핵심은 신뢰다. 클라이언트가 자신의 가장 깊은 이야기를 털어놓는 순간은 단순한 대화가 아니라, 상대가 자신을 존중하고 이해해 줄 것이라는 확신 속에서 가능하다. 이 신뢰는 상담의 본질적 기반이며, AI 시대에도 지켜야 할 핵심 가치다.

상담 현장에 AI는 새로운 기회를 제공한다. 반복적인 기록을 대신하고, 긴 대화를 요약하며, 감정 변화를 분석해 위기 신호를 알려준다. 이는 상담자가 더 많은 시간을 관계에 집중할 수 있도록 도와준다. 그러나 아무리 기술이 정교해져도, 공감과 진정성은 여전히 사람만이 줄 수 있다. 따라서 AI의 발전이 상담의 본질을 위협하는 것이 아니라, 오히려 본질을 더 선명하게 드러내는 역할을 한다고 볼 수 있다.

사람 중심 상담이란 곧, 기술이 아닌 관계가 핵심이라는 의미다. AI는 정보 제공과 기록 정리에 강점을 갖지만, 클라이언트의 말투, 눈빛, 동작 사이의 공백에 담긴 감정을 읽는 일은 인간만이 할 수 있다. 그렇기에 현장은 AI를 보완 도구로 활용하면서, 상담의 주체는 여전히 사람임을 분명히 할 필요가 있다. 이는 단순히 역할 구분의 문제가 아니라 상담의 정체성과 직결된다.

비영리 조직에서도 이 가치 인식이 중요하다. 상담이 기술 중심으로 흐르면 서비스는 효율적일 수 있지만, 클라이언트는 자신이 존중받지 못하고 있다는 기분을 받을 수 있다. 반대로 상담자가 AI의 도움을 받아 더 깊은 공감과 이해를 제공한다면, 클라이언트는 오히려 이전보다 더 확실한 신뢰를 갖게 된다. 이는 상담의 신뢰를 강화하는 방향이자 AI 활용이 지향해야 할 올바른 모습이다.

사람 중심 가치를 지키기 위한 조건은 분명하다. 첫째, AI는 상담의 모든 단계를 대신하는 것이 아니라 반복적이고 기술적인 부분을 맡아야 한다. 둘째, 클라이언트에게는 언제나 사람 상담과의 연결이 보장되어야 한다. 셋째, 상담 기록과 데이터는 철저히 보호되어야 하며 투명한 활용 원칙이 공유되어야 한다. 이러한 원칙 속에서 AI는 단순한 도구를 넘어 상담의 신뢰를 지켜내는 조력자가 된다.

결국 AI 시대의 상담은 사람과 기술이 함께 만드는 신뢰의 과정이다. 기술은 상담의 문턱을 낮추고 상담자는 본질적 관계를 이어간다. 이 균형 속에서 상담은 더 많은 사람에게 다가가면서도 따뜻함과 전문성을 잃지 않는 길을 찾아갈 수 있다. AI가 강조하는 것은 효율이지만 상담이 지켜야 할 가치는 여전히 사람이다. 신뢰를 기반으로 한 사람 중심 상담이야말로 기술 시대에도 변하지 않는 상담의 핵심이다.

참고문헌

채반석(2025.8.19). ""챗GPT, 나 지금 우울해" AI에 심리상담 괜찮을까요?". 한겨레신문. https://www.hani.co.kr/arti/economy/it/1213928.html

Ma, L., et al.(2024). No General Code of Ethics for All: Ethical Considerations in Human-Bot Psycho-Counseling. arXiv preprint arXiv:2404.14070.

Zhong, W., et al.(2024). The therapeutic effectiveness of artificial intelligence-based chatbots in alleviation of depressive and anxiety symptoms in short-course treatments: A systematic review and meta-analysis. *Journal of Affective Disorders, 356*, pp.459~469.

03
AI와 모금

모금 환경은 빠르게 변하고 있다. 기부자는 단순한 후원이 아니라 개인적 경험과 투명한 결과를 원한다. 그러나 제한된 인력과 예산으로 모든 기대를 충족하기란 쉽지 않다. 이때 인공지능은 새로운 가능성을 제시한다. 방대한 데이터를 분석해 잠재 기부자를 찾아내고, 상황에 맞는 메시지를 제안하며, 캠페인 성과를 실시간으로 보여준다. 효율의 도구로서 AI가 주목받지만, 결국 기부자의 마음을 움직이는 힘은 여전히 신뢰와 공감에서 비롯된다.

인공지능과 편향?

데이터로 움직이는 모금 전략

기부는 언제나 사람의 마음을 움직이는 일에서 출발해 왔다. 그러나 최근 비영리 조직의 모금 환경은 더 복잡해졌다. 기부자는 자신이 내는 돈이 어디에 쓰이는지 투명하게 알고 싶어 하고, 수혜자에게 잘 전달됐는지 결과를 기대한다. 단순히 일괄 발송된 우편물이나 문자로는 더 이상 기부자의 마음을 오래 붙잡기 어렵다. 이런 상황에서 AI는 모금 방식을 '감'이 아니라 '데이터'로 움직이게 하는 새로운 도구로 자리 잡고 있다.

AI의 가장 큰 힘은 수많은 데이터를 빠르고 세부적으로 분석하는 능력이다. 프리딕티브 AI(Predictive AI)는 예측 AI로, 기부자의 과거 후원 이력, 참여 정도, 소통 패턴 등을 통합해 미래 행동까지 예측한다. 어떤 기부자가 언제 이탈할 가능성이 높은지, 누가 더 큰 금액을 기부할 잠재력이 있는지, 어느 시점에 연락하는 것이 가장 효과적인지 알려준다. 실제로 누구나 데이터와 같은 플랫폼은 AI를 통해 기부자 이탈 신호를 조기에 발견해 적절한 메시지를 보내거나 맞춤형 제안을 하여 재 참여율을 높이고 있다. 데이터에 근거한 이러한 예측은 자원이 부족한 비영리 조직이 효율적으로 우선순위를 정하도록 돕는다. AI 기술이 조사 데이터 품질 향상과 업무 효율성

제고에 효과적이며, 실무 적용을 위한 구체적인 방안 제시에 유의미한 도움을 줄 수 있음을 확인하였다(이기호 외, 2025).

또한, AI는 캠페인의 성과를 수치로 보여줌으로써 전략적 판단을 가능하게 한다. 예를 들어, 특정 메시지의 반응률, 기부 전환율, 기부자 유지율을 실시간으로 분석해 다음 캠페인에 바로 반영할 수 있다. 과거에는 수개월 뒤 보고서를 통해 확인했던 성과를, 이제는 진행 중에도 확인하고 조정할 수 있는 것이다. 이는 불확실성이 큰 모금 활동에서 '실험하고 학습하는 문화'를 정착시키는 데 중요한 기반이 된다.

AI는 금액 제안에도 활용된다. 기부자의 이전 기부 내역과 유사 집단의 행동을 종합해 가장 적절한 요청 금액을 추천하는 방식이다. 단체는 무작정 큰 금액을 요구하지 않고, 기부자가 부담 없이 동의할 가능성이 높은 수준에서 제안할 수 있다. 이는 기부자의 만족도를 높이고 응답률을 끌어올리는 효과를 낳는다. 더 나아가 AI는 적절한 메시지를 전달할 '타이밍'까지 분석한다. 기부자가 이메일을 열람하는 시간대, 후원 결제를 자주 하는 요일 등을 고려해 가장 효과적인 순간에 메시지를 보내는 것이다.

그러나 데이터로 움직이는 전략이 전부는 아니다. 기부의 본질은 여전히 사람과 사람 사이의 신뢰와 모금 기관에 대한 관계에 있다. AI는 관계를 대체하지 않고, 관계를 더 오래 지속하도록 돕는 도구로 활용되어야 한다. 기부자가 "나를 기억해 주는구나", "내 관심사를 이해해 주는구나"라는 경험을 하도록 만드는 것이 핵심이다. AI는 이런 경험을 개인화된 방식으로 다양하게 제공할 수 있게 해 준다. 결국 데이터 기반 전략은 기술의 문제가 아니라, 기부자와의 신뢰를 어떻게 더 깊게 이어갈 것인가 하는 비영리 조직의 방식에 달려 있다.

기부자 경험의 개인화

최근 기부자들은 단순히 돈을 내는 사람에 머무르지 않는다. 자신이 어떤 캠페인에 참여하고 있는지, 그 과정에서 어떤 변화를 만들어 내는지 알고 싶어 한다. 이 때문에 비영리 조직이 기부자를 대하는 방식은 일방적인 요청이 아니라, 관계를 맺고 경험을 제공하는 차원으로 확장되고 있다. 이러한 흐름 속에서 AI는 개인화(personalization)라는 중요한 키워드를 가능하게 하는 핵심 기술이 되고 있다.

제너레이티브 AI(Generative AI)는 생성형 AI로, 기부자 개개인에게 맞춘 메시지와 콘텐츠를 다양하게 제작할 수 있다. 기부자의 이름, 관심사, 기부 내역을 반영한 이메일이나 감사 카드, 문자 메시지는 기부자가 존중받고 있다고 느끼게 만든다. 과거에는 담당자가 수십, 수백 명의 기부자에게 각기 다른 메시지를 쓰는 것이 사실상 불가능했지만, 이제는 AI가 그 작업을 효율적으로 지원한다. 담당자는 기계가 만든 결과를 검토하고 다듬어 진정성을 보완하면 된다.

스토리텔링 역시 개인화의 중요한 도구다. AI는 단체의 활동 기록, 현장 사례, 미디어 자료를 기반으로 특정 기부자가 관심을 가질 만한 이야기를 선별해 제시할 수 있다. 교육 지원에 후원한 기부자에게는 장학금으로 학업을 이어간 학생의 사례를, 의료 지원에 참여한 기부자에게는 병원에서 치료받은 환자의 회복 이야기를 전달하는 식이다. 이는 단순한 '감사 메시지'를 넘어, 기부자가 자신이 만든 변화를 직접 체감하고 감동을 느끼게 해준다.

개인화는 기부 이후의 경험에도 이어진다. AI는 기부자가 행사에 참여한 기록, 설문 조사, SNS 반응까지 통합해 다음 소통의 방향을 제안한다. 특정 기부자가 소규모 모임을 선호한다면 초대장을 보내고, 자녀와 함께 참여하는 행사를 좋아한다면 가족 중심 프로그램을 안내할 수 있다. 이렇게 개인의 선호를 존중하는 소통은 기부자가 단체와 '함께 한다'는 느낌을 강화한다.

그러나 개인화 전략에도 유의할 점이 있다. 지나치게 세세한 맞춤은 오히려 기부자에게 불편함을 줄 수 있다. "내 정보를 어디까지 알고 있는 걸까?"라는 의문이 생기면 신뢰는 쉽게 흔들린다. 따라서 개인정보 활용에 대한 투명한 안내와 동의 절차가 반드시 필요하다. AI가 아무리 정교한 결과를 만들어도, 기부자의 신뢰 없이는 개인화 전략은 오래 지속되지 못한다.

결국 개인화는 기술이 아니라 태도의 문제다. 기부자를 '한 사람'으로 바라보는 관점, 그리고 그 사람이 단체와 함께 변화를 만들고 있다는 경험을 주려는 노력이 핵심이다. AI는 이러한 태도를 실현하는 데 필요한 속도와 규모를 제공할 뿐이다. 비영리 조직이 기술을 사람 중심으로 사용할 때, 기부자는 단순한 후원자가 아니라 진정한 파트너로 자리매김할 수 있다.

윤리와 신뢰, 새로운 과제

AI가 모금 활동에 본격적으로 활용되면서 비영리 조직은 새로운 가능성과 동시에 복잡한 과제에 직면하고 있다. 기부자는 점점 더 개인화된 경험을 기대하고, 조직은 데이터를 기반으로 전략을 고도화할 수 있다. 그러나 이 과정에서 반드시 짚고 넘어가야 할 주제가 있다. 바로 윤리와 신뢰의 문제다. 기술이 아무리 발전해도 모금 기관의 신뢰가 무너지면 모금은 지속될 수 없다.

첫째, 개인정보 보호는 가장 기본적이면서 중요한 과제다. 기부자의 이름, 연락처, 주소, 결제 정보뿐 아니라 관심사, 참여 유형까지 AI가 학습하는 데이터에 포함된다. 이런 정보가 유출되거나 동의 없이 활용될 경우 조직의 신뢰는 순식간에 무너진다. 실제로 한 연구에서는 윤리적 우려(사이버 보안 위험, 개인정보 및 데이터 유출)는 AI 사용자(84%)와 비사용자(73%) 모두에게 가장 큰 위험으로 꼽혔다"는 결과가 보고되었다(Herrero et al., 2025). 특히 AI 시스템은 '블랙박스'처럼 결과만 제공하는 경우가 많아 기부자가 자신의 정보가 어떻게 쓰였는지 알기 어렵다. 따라서 데이터 수집 목적을 투명하게 안내하고, 최소한의 범위에서 동의를 받아야 한다.

둘째, 편향성 문제도 무시할 수 없다. AI는 과거 데이터를 학습하기 때문에 기존의 불평등이나 차별이 고스란히 반영될 수 있다. 예컨대 고액 후원자 중심으로만 패턴을 학습한 AI가 소액 기부자나 일회성 기부자를 소홀히 한다면, 모금 기관의 큰 문제로 심화될 수 있다. 이는 비영리 조직의 사명인 공정성과 포용성을 훼손하는 결과로 이어질 수 있다. 따라서 AI가 제시하는 결과는 반드시 사람이 검토하고, 다양한 이해 관계자의 시각에서 편향을 점검하는 절차와 과정이 필요하다.

셋째, 인간적 관계성이 무너질 위험이다. 기부자와의 관계는 단순히 메시지를 보내고 기부를 유도하는 과정에서 끝나지 않는다. 공감, 진정성, 관계 속에서 쌓이는 신뢰가 핵심이다. 만약 AI가 모든 소통을 대신한다면, 기부자는 기계와 관계 맺는 듯한 피로감을 느낄 수 있다. AI는 반복적이고 단순한 업무를 보조하는 도구로 제한하고, 핵심적인 관계 형성은 사람이 직접 해야 한다.

마지막으로 책임성의 문제를 생각해야 한다. AI가 잘못된 예측이나 권고를 했을 때 누가 책임질 것인가? 기부자의 결정을 왜곡하거나 불필요한 불안을 조장하는 결과가 발생한다면, 이는 단순한 기술 오류를 넘어선 사회적 문제가 될 수 있다. 따라서 AI 사용에 관한 내부 지침을 마련하고, 최종 판단은 반드시 사람이 하도록 지침을 만들고 정기적으로 교육해야 한다.

윤리와 신뢰의 문제를 소홀히 한다면, AI는 오히려 조직의 위험 요소가 될 수 있다. 그러나 반대로 투명성과 책임을 확보한다면, AI는 기부자와의 관계를 더욱 끈끈하게 하는 도구가 될 수 있다. 결국 핵심은 기술 자체가 아니라, 그것을 어떻게 사용하느냐에 달려 있다. 비영리조직이 사람을 중심에 두고 AI를 활용할 때, 기부자는 신뢰하고 참여할 수 있으며, 모금은 지속 가능한 확장의 길로 나아갈 수 있다.

참고문헌

이기호 외(2025). "인공지능(AI) 기반 조사데이터 품질 제고 방안 연구". 한국보건사회연구원.

Herrero, M., et al.(2025). Shaping the future of fundraising with AI. Chartered Institute of Fundraising.

04

AI와 프로그램 기획·운영

비영리 조직의 프로그램은 기획에서 운영, 평가까지 이어지는 복잡한 과정이다. 그러나 한정된 인력과 시간 속에서 모든 절차를 세심하게 챙기기는 쉽지 않다. 인공지능은 지역과 참여자의 변화를 정밀하게 읽어 내고, 운영 과정의 반복 업무를 덜어주며, 평가 자료를 사회적 가치로 확장하는 데 기여한다. 단순한 효율을 넘어, 프로그램이 본래의 목적에 충실하도록 돕는 도구가 되는 것이다.

청각장애인과 AI?

지역과 참여자의 변화를 읽는 AI 기획

비영리 조직에서 프로그램 개발은 보편적 정보보다는 지역적 정보를 더 많이 수집하는 경향이 있으며, 이는 지역 분위기와 참여자의 상황을 반영하여 기획이 이루어짐을 보여준다(서인해 · 공계순, 2013). 그러나 지금까지 이 작업은 설문 조사, 면담, 주민 회의, 간담회 같은 전통적 방법에 크게 의존해 왔다. 이러한 방식은 시간이 오래 걸리고 응답자의 범위도 제한적이다. 또한 말로 표현되지 않는 필요나 참여자의 행동 속에 숨어 있는 욕구를 확인하기 어렵다는 한계가 있었다.

하지만 AI는 지역 사회가 가지고 있는 다양한 자료, 데이터, 온라인 기록, 소셜 미디어 반응, 과거 프로그램 참여 이력 등을 통합적으로 분석할 수 있다. 이를 통해 단순히 "무엇을 원하는가"를 묻는 수준을 넘어, 사람들이 실제로 어떤 행동을 하고 있는지, 어떤 변화를 경험하고 있는지까지 읽어 낸다. 가령 청소년 프로그램을 기획할 때, 단순히 "무엇이 필요하냐"는 질문에 그치지 않고, 학업 스트레스, 온라인 활동 패턴, 지역 내 시설 이용 현황 같은 데이터가 함께 분석되면 겉으로 드러난 욕구와 실제 생활 속 필요의 차이를 확인할 수 있다.

이러한 분석은 프로그램 기획을 보다 근거 있는 방향

으로 이끈다. 과거에는 담당자의 경험과 직관에 의존하던 기획이, 이제는 데이터를 기반으로 근거 위에서 설계된다. AI가 제시하는 통찰은 프로그램의 목적과 방향을 뒷받침하는 논리가 되며, 결과적으로 보조금 지원 단체나 기부자를 설득하는 과정에서도 큰 힘을 발휘한다. 단순히 "필요하다"는 말이 아니라 "데이터가 이렇게 말하고 있다"는 증거를 제시할 수 있기 때문이다.

물론 여기에도 유의할 점이 있다. 데이터가 보여주는 수치는 참여자의 복잡한 삶을 단순화할 위험이 있다. 숫자가 전부를 설명하지 못하는 만큼, AI 분석 결과는 반드시 현장의 목소리와 함께 나타내야 한다. AI는 방향을 제시하는 도구일 뿐, 최종 결정을 대신할 수는 없다. 비영리 조직의 프로그램은 언제나 사람 중심이어야 하며, 기술은 그 사람들의 이야기를 더 잘 듣기 위한 보조 도구여야 한다.

결국 지역과 참여자의 변화를 읽는 AI 기획은 두 가지 의미를 가진다. 하나는 기존보다 훨씬 넓은 범위와 깊이를 가진 데이터를 바탕으로, 숨어 있는 필요를 발굴하는 것이다. 다른 하나는 그 과정에서 여전히 사람과 관계를 중심에 두고, 데이터가 놓치기 쉬운 맥락을 보완하는 것이다. 이 두 가지가 균형을 이룰 때, 비영리 조직은 보다 근거 있고 설득력 있는 프로그램을 기획할 수 있으며, 지역 사회에 실질적인 변화를 이끌어낼 수 있다.

운영 현장의 부담을 줄이는 AI 지원

행사 시작 몇 시간 전에 행사장에 도착한 담당자는 가장 먼저 참석자 명단을 확인한다. 불참 연락을 전해 들으면 명단을 다시 수정하고, 늦게 오는 참여자를 맞이하며, 강사와 진행 상황을 동시에 챙긴다. 프로그램이 끝나면 곧바로 만족도 조사 설문지를 모아 수기로 입력하고, 사진과 기록을 정리해 보고서를 작성해야 한다. 하루가 이렇게 흘러가고 나면 정작 참여자와 대화를 나눌 시간은 거의 남지 않는다. 운영은 늘 바쁘고, 담당자의 집중력은 점점 소진된다.

이러한 반복적이고 행정적인 부담을 덜어내는 데 AI는 강력한 조력자가 된다. 가장 먼저 눈에 띄는 것은 신청과 접수 과정이다. 과거에는 담당자가 전화를 받고 엑셀에 일일이 입력했지만, 이제는 챗봇이 신청을 안내하고 명단을 자동으로 취합한다. 일정이 바뀌면 문자나 메신저를 통해 즉시 알림을 보내 주어 사고를 예방한다. 덕분에 담당자는 응대에 시간을 빼앗기지 않고, 참여자의 특성을 이해하고 프로그램을 구성하는 데 더 많은 노력을 기울일 수 있다.

운영 중에도 AI는 유용하다. 프로그램이 끝나면 음성을 텍스트로 바꿔 요약을 제공하고, 설문 응답은 자동으로 분석해 긍정과 부정의 흐름을 보여준다. 예전에는 며칠씩 걸리던 자료 정리가 단시간에 끝나면서, 담당자는 결과를 빠르게 확인하고 개선점을 바로 논의할 수 있다. AI는 단순히 시간을 절약하는 수준을 넘어, 프로그램 운영의 속도를 높이고 더 유연한 대응을 가능하게 한다.

AI의 장점은 예기치 못한 문제를 조기에 알려준다는 점에서도 드러난다. 참여자의 출석률이 갑자기 떨어지거나 만족도가 낮아지는 신호를 AI가 먼저 포착하면, 담당자는 빠르게 대안을 마련할 수 있다. 프로그램 운영이 흔들리기 전에 원인을 찾아 대응할 수 있다는 점에서, AI는 단순한 편의 기능을 넘어 운영 안정성을 강화하는 도구가 된다.

그러나 운영 현장의 모든 것을 AI에 맡길 수는 없다. 자동화된 안내 문구가 지나치게 기계적이면 참여자는 거리감을 느낄 수 있고, 데이터 분석 결과만을 그대로 따르면 현장의 맥락과 분위기를 놓칠 위험도 있다. 기술이 완벽하게 사람을 대신하는 순간은 오지 않는다. AI는 어디까지나 담당자의 부담을 덜어주는 도구이며, 마지막에는 사람이 직접 살피고 보완해야 한다. 운영이 원활해질수록 오히려 참여자에게 더 깊이 다가갈 여유가 생긴다는 점이 중요하다.

결국 AI는 프로그램 운영에서 담당자의 '숨 쉴 틈'을 만들어 준다. 반복 업무가 줄어들면 직원은 참여자와 더 많은 시간을 보낼 수 있고, 갑작스러운 상황에도 차분히 대응할 힘을 얻는다. 이는 효율을 넘어, 프로그램이 지닌 본래의 목적과 가치에 집중할 수 있는 기반을 마련한다. 운영 현장의 부담을 줄이는 AI는 단순한 편리함을 넘어, 사람 중심의 운영을 가능하게 하는 든든한 지원군이다.

성과 평가를 넘어 사회적 가치로 확장

프로그램이 종결되면 언제나 따라오는 과정이 있다. 바로 평가와 보고다. 참여자 수를 정리하고 만족도 설문지를 입력하며, 사진과 기록을 모아 결과 보고서를 작성하는 일은 비영리 조직 실무자에게 익숙한 마무리 절차다. 그러나 이 과정은 시간이 많이 들고, 자료의 분석이 제한적이라는 한계가 있다. 단순히 "참여자가 몇 명이었는가", "만족도가 몇 퍼센트였는가" 같은 수치만으로는 프로그램의 가치를 온전히 드러내기 어렵다.

AI는 이 문제에 새로운 길을 제시한다. AI는 수집된 설문 응답과 참여 기록을 빠르게 정리해 주요 패턴과 핵심 메시지를 도출한다. 수십 장의 응답지를 손으로 분류할 필요 없이 긍정과 부정 반응을 구분하고, 참여자들이 반복적으로 언급한 요구를 한눈에 보여준다. 담당자는 결과를 단순 취합하는 데 시간을 쓰는 대신, 분석된 내용을 바탕으로 다음 프로그램의 개선 방향을 논의할 수 있다.

AI의 강점은 단순히 속도에만 있지 않다. 데이터 시각화를 통해 결과를 그래프로 정리하거나, 핵심 내용을 도표로 변환해 기부자와 예산 지원 단체에게 설득력 있게 전달할 수 있다. 이는 프로그램의 성과를 수치가 아닌 이야기로 풀어내는 효과를 만든다. 단순히 "참여자 만족도 85%"라는 수치를 제시하는 대신, "참여자들은 프로그램을 통해 지역 내 관계가 확장되었다고 응답했다"는 식의 맥락이 더해진다. AI는 이런 숨은 의미를 드러내는 데 강점을 가진다.

더 나아가 AI는 프로그램 결과를 사회적 가치로 확장하는 도구로 활용될 수 있다. 청소년 활동 프로그램의 경우, 단순히 참가자 수의 증가가 아니라 학업 스트레스 완화, 지역 사회 네트워크 강화, 자원봉사 참여 확대와 같은 파급 효과를 찾아내 보여준다. 이러한 해석은 프로그램이 개인에게 미친 영향뿐 아니라, 지역 사회 전체의 변화로 이어지고 있음을 나타낸다. 이는 기부자와 지역 주민에게 프로그램의 중요성을 새롭게 각인시키는 강력한 메시지가 된다.

물론 평가 과정에서 AI가 전부를 설명할 수는 없다. 데이터는 프로그램의 성과를 정량화하지만, 참여자가 느낀 감정의 깊이나 현장에서 발생한 예상치 못한 긍정적 변화를 완전히 담아내기는 어렵다. 따라서 AI가 제시한 결과는 반드시 담당자의 해석과 이야기가 더해져야 한다. 기술이 만든 분석 위에 현장의 경험을 입혀야만 보고서는 살아 있는 문서가 된다.

결국 AI는 성과 평가의 과정을 단순화하는 동시에, 보고서가 단순한 숫자 모음에 머물지 않도록 돕는다. 프로그램이 만들어 낸 변화를 데이터와 이야기로 함께 보여주면서, 조직의 사회적 가치를 더욱 선명하게 전달할 수 있다. 성과 평가를 넘어 사회적 가치로 확장하는 과정, 그곳에서 AI는 단순한 도구가 아니라 비영리 조직의 목소리를 넓혀주는 파트너가 된다.

참고문헌

서인해·공계순(2013). "한국 사회복지 프로그램 개발활동의 경향성에 대한 실증적인 연구: 참여주체, 정보수집, 개발과정을 중심으로". 《사회복지연구》, 44(4), 287~320쪽.

05
AI와 자원봉사

자원봉사는 지역 사회의 문제를 해결하고 연대를 만들어가는 핵심적인 힘이다. 그러나 인력과 시간이 부족한 현실 속에서 활동을 기획하고 운영하며 성과를 측정하는 일은 쉽지 않다. 인공지능은 이러한 과정을 지원하는 보조 도구로서, 반복되는 업무를 덜어내고 봉사자와 기회를 정밀하게 연결하며, 참여 경험을 사회적 가치로 확장하는 역할을 한다. 단순한 편의가 아니라, 자원봉사가 본래 지향하는 목적을 더 충실하게 실현할 수 있도록 돕는 기반이 되는 것이다.

AI 콘텐츠 크리에이터?

AI가 바꾸는 자원봉사 운영 방식

자원봉사 운영에서 가장 큰 어려움은 반복되는 행정 업무와 제한된 인력 문제다. 신청서를 검토하고 일정을 조율하며 봉사 시간을 기록하는 과정은 많은 시간이 소요되고, 관리자의 부담으로 이어졌다. AI는 이러한 운영 구조를 바꾸는 역할을 하고 있다. AI는 반복적인 절차를 자동화하면서 효율성을 높이고, 관리자는 사람과의 관계 형성이나 프로그램 기획 같은 본질적인 업무에 집중할 수 있게 된다.

첫째, AI는 모집과 매칭 방식을 효율적으로 바꾼다. 과거에는 경험이나 직관에 의존해 봉사자를 배치했다면, 이제는 봉사자의 기술, 관심사, 위치, 가용 시간을 종합적으로 분석해 적절한 활동을 추천하고 배치할 수 있다. 이러한 매칭 방식은 봉사자가 자신의 역량을 발휘할 수 있는 자리를 찾도록 도와주며, 결과적으로 만족도와 성과를 동시에 높이는 효과를 가져온다.

둘째, 일정 관리의 복잡성을 줄이는 데에도 AI가 활용된다. 봉사활동은 참여자의 가용 시간을 고려해 일정을 맞추는 과정이 필수인데, 이는 항상 조정이 어렵다. AI는 과거 참여 패턴과 현재 상황을 함께 고려해 최적의 일정을 제시한다. 나아가 불참 가능성이 높은 경우를 예측해 사전에 조율할 수도 있다. 이렇게 운영 효율성을 높이면 갑작스러운 공백을 줄이고, 기관은 인력에 대한 리스크를 줄이고 안정성을 유지할 수 있다.

셋째, 행정 문서와 소통의 부담도 줄어든다. 신청서, 활동 일지, 감사 메시지 작성 같은 문서 작업은 시간이 많이 걸리지만, AI는 이를 빠르게 초안으로 만들어준다. 관리자는 이를 검토하고 보완하는 데 집중함으로써 행정적 부담을 줄이고 더 중요한 업무에 시간을 쓸 수 있다. 이와 같은 변화는 단순히 시간을 절약하는 차원을 넘어, 직원의 업무 몰입도를 높이는 기반이 된다.

마지막으로, 성과 측정 방식에서도 AI는 새로운 가능성을 연다. 봉사자의 참여 시간, 활동 빈도, 만족도 조사 결과 등을 실시간으로 종합해 분석함으로써 프로그램의 효과를 더 명확하게 파악할 수 있다. 단순히 참여 인원을 집계하는 수준을 넘어, 어떤 활동이 실제로 의미 있는 변화를 만들어 내고 있는지 가늠할 수 있게 되는 것이다. 이는 자원봉사 관리가 '기록'에서 '분석과 개선'으로 확장되는 계기가 된다.

이처럼 AI가 도입된 자원봉사 운영은 과거의 수작업 중심 방식에서 벗어나 데이터 기반의 체계적 구조로 전환되고 있다. 그러나 기술 그 자체가 목적은 아니다. 중요한 것은 AI가 만들어 준 시간을 통해 관리자가 더 많은 관계를 맺고, 봉사자가 더 깊이 참여할 수 있는 환경을 조성하는 일이다. 그리고 안전에도 더 관심을 기울일 수 있다. AI는 단순한 편의 도구가 아니라, 자원봉사 운영 방식을 새롭게 정의하고 발전시키는 동력이 되고 있다.

자원봉사자 경험과 참여의 개인화

자원봉사 활동에 참여하는 사람들은 저마다 다른 동기와 기대를 가지고 있다. 어떤 이는 자신의 능력을 활용해 사회에 기여하고 싶어 하고, 또 다른 이는 새로운 경험이나 관계를 통해 삶의 보람을 찾고자 한다. 그러나 기존의 자원봉사 관리 체계는 이런 다양성을 충분히 반영하지 못했다. 체계적이지 못한 운영은 봉사자 개인의 특성과 필요를 세밀하게 고려하기 어려웠고, 이로 인해 만족도 저하나 중도 이탈이 빈번하게 발생했다. AI는 이러한 한계를 해결하는 도구로 주목받고 있다. 봉사자의 경험을 개인화하고, 참여를 끊임없이 유지하도록 돕는 데 AI가 중요한 역할을 하고 있기 때문이다.

무엇보다 AI는 봉사자와 활동의 매칭을 정교하게 만든다. 봉사자의 관심사, 기술, 가용 시간 등을 종합해 적합한 기회를 추천함으로써, 개인의 강점을 최대한 활용할 수 있게 한다. 단순히 "인력이 필요한 공간"에 배치하는 것이 아니라, 봉사자가 자신의 가치와 역량을 발휘할 수 있는 환경을 제공한다는 점에서 차별성이 있다. 이는 봉사자가 활동 과정에서 성취감을 느끼고, 다시 참여하고 싶은 동기를 얻는 데 중요한 요소가 된다.

또한 AI는 봉사자가 프로그램에 처음 참여하는 단계부터 경험을 개선한다. 신규 봉사자는 보통 절차를 이해하지 못해 혼란을 겪거나, 본인의 역할에 대한 불확실성 때문에 불안해하기 쉽다. AI 기반 안내 시스템은 과정을 간소화하고, 자주 묻는 질문에 신속하게 답하며, 개인의 역할에 맞는 자료를 제공한다. 이러한 지원은 봉사자가 빠르게 적응하도록 돕고, 첫 경험에서 긍정적인 인상을 심어준다. 이는 장기적인 봉사 참여로 이어지는 중요한 출발점이 된다.

나아가 AI는 참여 과정에서 봉사자의 만족도를 세밀하게 관리할 수 있다. 봉사자의 피드백이나 활동 패턴을 분석해 참여 의지가 낮아지는 징후를 조기에 발견할 수 있다. 활동 횟수가 줄거나 온라인 설문에서 부정적인 응답이 늘어날 경우, AI는 이를 신호로 감지해 관리자에게 알린다. 관리자는 즉시 소통을 강화하거나 다른 형태의 활동을 제안함으로써 봉사자의 이탈을 예방할 수 있다.

이는 과거에는 불가능했던 수준의 세밀한 관리 방식이며, 결국 봉사자의 경험을 지속적으로 개선하는 기반이 된다.

개인화된 교육과 성장 기회 제공도 중요한 변화다. AI는 봉사자의 활동 이력과 학습 성향을 분석해 맞춤형 교육 콘텐츠를 제안할 수 있다. 단순한 매뉴얼 제공을 넘어, 특정 상황에서 필요한 지식이나 기술을 실시간으로 추천하는 것이다. 봉사자가 활동을 통해 성장하고 있다는 확신을 느낄 때, 자원봉사는 단순한 시간 기부가 아니라 자기계발의 과정으로 자리매김한다. 이러한 경험은 봉사자의 장기적 참여를 이끌어내는 강력한 동기가 된다.

무엇보다 중요한 점은, 봉사자의 경험이 개선될수록 조직과의 관계도 깊어진다는 사실이다. 봉사자가 존중받고 있다는 느낌을 받을 때, 조직에 대한 신뢰와 애착은 자연스럽게 높아진다. AI는 단순히 효율을 높이는 도구를 넘어, 봉사자가 스스로 의미를 찾고 공동체와 연결되도록 돕는 매개체 역할을 한다. 개인화된 경험은 봉사자의 만족도를 높이는 데 그치지 않고, 조직의 지속 가능한 성장에도 직접적으로 기여한다.

결국 AI가 만들어 내는 개인화는 봉사자의 '참여 여정'

을 재설계하는 과정이라고 할 수 있다. 모집에서 교육, 활동, 피드백에 이르기까지 봉사자의 경험을 하나의 흐름으로 관리하고, 그 안에서 개인의 필요와 기대를 반영하는 것이다. 이러한 방식은 봉사자가 조직과 더 깊이 연결되고, 장기적인 관계를 맺을 수 있는 토대를 제공한다. AI를 통한 개인화는 봉사자의 경험을 풍부하게 만들 뿐 아니라, 자원봉사의 가치를 새롭게 확장하는 힘이 되고 있다.

지속 가능한 자원봉사 생태계 전략

자원봉사 현장은 지금 중대한 전환점에 서 있다. 지역 사회는 더 많은 돌봄과 지원을 요구하지만, 인구 감소와 고령화는 참여할 수 있는 인력을 줄이고 있다. 청년 세대의 관심은 분산되고, 농촌과 지방에서는 봉사자를 찾기조차 어려워지는 상황이 반복된다. 이러한 구조적 변화는 단순히 봉사자의 수가 줄어드는 문제를 넘어, 공동체 전체의 회복력에 직접적인 영향을 미친다. 그렇기에 자원봉사를 어떻게 지속 가능하게 만들 것인가 하는 질문은 이제 선택이 아닌 필수적인 과제가 되었다.

AI는 이 질문에 대한 해답을 모색하는 과정에서 중요한 도구로 떠오르고 있다. 과거에는 봉사자가 필요할 때

마다 1365나 VMS 시스템에 모집 공고를 내고, 적합성을 일일이 판단하며, 참여 여부를 확인해야 했다. 그러나 AI는 지역 사회의 수요와 봉사자의 역량을 동시에 분석하여, 필요한 순간에 필요한 사람을 연결할 수 있는 체계를 만들어 준다. 덕분에 봉사자는 자신의 능력을 발휘할 수 있는 자리에 서게 되고, 수요자는 적시에 지원을 받을 수 있다. 이는 자원봉사가 단순한 인력 배치가 아니라, 사회적 자원을 최적화하는 구조로 바뀌고 있음을 보여 준다.

이 변화는 참여 방식에도 새로운 길을 열고 있다. 전통적인 현장 중심 봉사만으로는 다양한 세대의 참여를 이끌어내기 어렵다. 하지만 AI 기반 플랫폼은 원격 봉사, 온라인 멘토링, 콘텐츠 제작과 같은 디지털 형태의 봉사를 제안하며 참여의 문턱을 낮춘다. 현장에 직접 가지 않더라도 기여할 수 있는 통로가 열리면서, 청년 세대나 이동이 어려운 사람들까지 자연스럽게 봉사 생태계 안으로 들어올 수 있다. 이는 자원봉사의 지평을 넓히고, 세대와 지역을 초월하는 연대의 기회를 확장한다.

지속가능성을 고민할 때 반드시 고려해야 할 부분은 성과의 측정이다. 지금까지는 참여 인원과 시간 같은 단순한 지표가 중심이었지만, 앞으로는 봉사가 어떤 사회적 변화를 만들었는지까지 평가해야 한다. AI는 참여자 데이터를 정밀하게 분석하여, 봉사활동이 노인의 정서 안정에 어떤 영향을 주었는지, 청소년 학습 지원이 자기 효능감에 어떤 변화를 일으켰는지를 구체적으로 보여줄 수 있다. 이러한 데이터는 봉사의 가치를 사회적으로 입증하는 근거가 되며, 향후 지원과 자원 확보를 위한 설득력 있는 자료로 이어진다.

또 하나 중요한 과제는 봉사자의 성장을 보장하는 것이다. 참여하는 사람들이 단순히 시간을 내어주는 데 그치지 않고, 자신의 역량을 키우고 삶의 의미를 발견할 수 있어야 자원봉사는 오래 지속된다. AI는 봉사자의 활동 이력과 관심을 토대로 맞춤형 학습 기회를 제공하며, 새로운 역할에 도전할 수 있는 길을 열어준다. 봉사자가 개인적 보람과 성취를 동시에 느낄 때, 자원봉사는 일회성이 아닌 장기적인 관계로 이어질 수 있다(Tsai et al., 2024).

결국 지속 가능한 자원봉사 생태계는 기술과 인간의 결합 속에서 만들어진다. AI가 행정과 운영의 부담을 줄여 주는 동안, 사람은 사람답게 관계를 맺고 신뢰를 쌓는 일에 집중할 수 있어야 한다. 웃음을 나누고 마음을 보듬는 일은 여전히 인간의 몫이지만, AI가 그 과정을 더 원활하게 뒷받침할 수 있다면 봉사 생태계는 새로운 균형점을 찾을 수 있다. 이러한 균형 위에서 자원봉사는 변화를 거듭하는 시대 속에서도 안정적으로 유지되고, 더 많은 사람들에게 의미 있는 참여의 기회를 제공할 것이다.

참고문헌

Tsai, A. C. Y., et al.(2024). Leading volunteer motivation: How leader behaviour can trigger and fulfil volunteers' motivations. *Voluntas: International Journal of Voluntary and Nonprofit Organizations, 35*(1), pp.266~276.

06
AI와 행정·회계

한 조직의 성장은 사명을 향한 활동뿐 아니라
그것을 떠받치는 운영 구조에서 비롯된다.
재정을 관리하고 기록을 남기는 일은 눈에 잘
보이지 않지만, 사회의 신뢰를 얻는 가장 중요한
토대다. 그러나 한정된 인력과 시간으로는 늘
반복적인 행정과 회계에 묶이기 쉽다.
인공지능은 이 보이지 않는 기반을 혁신하는
도구로 떠오르고 있다. 효율을 높이는 수준을
넘어, 투명성과 책임을 강화하고 사회적 가치를
증명하는 방식으로 운영의 틀을 바꾸고 있다.

AI와 민주주의?

한정된 인력, 반복 행정을 줄이는 AI

비영리 조직에서 일하는 많은 사람들은 "사람을 돕는 일보다 서류를 붙잡고 있는 시간이 더 길다"는 현실을 토로한다. 지자체 요청 자료, 수입·지출결의서 작성, 평가 및 지도 점검 준비, 각종 실적 보고와 사업 계획서는 필수지만, 소규모 인력으로 운영되는 조직에서는 이 행정 절차가 업무의 상당 부분을 차지한다. 몇 명 안 되는 직원이 프로그램 운영부터 재무 관리, 홍보, 평가까지 도맡다 보니 본래의 업무에 집중할 시간이 부족하다. 이러한 구조는 직원의 소진을 가속화하고, 조직의 창의적 시도를 가로막는 장애물이 된다.

AI의 등장은 이 문제에 새로운 해법을 제시한다. 회의록 정리, 보고서 초안 생성, 지출 내역 분류 같은 기술은 단순한 편리함을 넘어 조직 운영의 방식 자체를 바꾸고 있다. 예를 들어, 한 복지관은 매주 작성하던 장문의 사업 보고서를 AI 문서 작성 도구로 초안을 마련한 뒤 담당자가 수정·보완하는 방식을 도입했다. 작성 시간이 절반 이상 줄었을 뿐 아니라, 문서 형식과 표현이 일정하게 유지되어 보고 내용도 향상되었다. 남은 시간은 클라이언트 상담이나 프로그램 점검에 활용되었고, 직원들의 만족도 역시 높아졌다.

회계 업무에서도 변화는 뚜렷하다. 기존에는 반복적으로 발생하는 기부금 입금, 실비 입금, 카드 지출 내역 등을 직원이 직접 엑셀에 입력해야 했다. 그러나 AI 기반 회계 프로그램은 계좌와 카드를 연동해 자동으로 분류하고, 지출 결의서를 클릭 한 번으로 작성해 준다. 이는 단순히 편리함을 넘어, 기부자와 정부에 대한 보고 책임을 보다 충실히 이행하게 해 주는 기반이 된다. 투명성과 책임성은 비영리 조직의 존립 근거인데, AI는 이 가치를 지키는 데 중요한 조력자가 된다.

더 나아가 AI는 데이터 분석을 통해 조직이 어디에 자원을 집중해야 할지 알려준다. 예산 집행 내역과 기부자 기부 패턴을 분석해 불필요한 지출을 줄이고, 앞으로 필요한 재원을 더 정확히 예측할 수 있다. 작은 조직일수록 이런 데이터 기반 의사결정은 더 큰 의미가 있다. 경험에 의존해 계획을 세우던 방식에서 벗어나, 수치와 근거를 기반으로 전략을 수립할 수 있기 때문이다. 이는 기부자와의 신뢰를 높이고, 내부적으로도 '우리가 올바른 방향으로 가고 있다'는 확신을 준다.

물론 AI 도입에는 주의할 점도 있다. 개인정보 보호, 알고리즘의 오류, 기술 의존에 대한 우려는 여전히 존재한다. 하지만 모든 변화를 한 번에 시도할 필요는 없다.

회의록 자동화나 보고서 요약처럼 위험이 낮은 영역부터 시작해 성과를 확인하고 점차 확장하는 방식이 현실적이다. 실제로 여러 단체가 소규모 파일럿 프로젝트를 통해 빠른 성과를 체감하면서, 직원들의 저항감도 줄어들고 학습 효과도 높아졌다(서울특별시사회복지사협회, 2025).

AI는 사람을 대신하는 존재가 아니다. 오히려 비영리 조직의 직원들이 서류와 절차에 묶여 있던 시간을 되찾아, 클라이언트와 마주하고 관계를 쌓는 본질적인 일에 몰두할 수 있도록 돕는 도구다. 반복 행정을 줄이는 혁신은 곧 사람을 위한 시간을 회복하는 혁신이다. 그리고 그것이야말로 비영리 조직이 AI를 도입해야 하는 가장 분명한 이유다.

투명성과 신뢰를 지키는 회계 혁신

비영리 조직에서 회계는 단순한 장부 관리 이상의 의미를 가진다. 기부자는 자신들의 기부금이 올바르게 쓰이고 있는지를 확인하고 싶어 하며, 정부와 공공기관은 보조금 사용 내역에 대해 철저한 보고를 요구한다. 회계는 곧 신뢰의 문제이자 조직의 존립을 좌우하는 핵심 영역이다. 하지만 현실은 녹록지 않다. 소규모 단체는 회계 인력이 부족하고, 복잡한 회계 서류 작성에 많은 시간을 빼앗긴다. 단순 입력 과정에서 발생하는 작은 오류조차 기부자에게는 불성실로 비칠 수 있다. 이처럼 높은 투명성과 책임성이 요구되는 환경에서 AI는 새로운 가능성을 열어주고 있다.

AI 기반 회계 시스템은 반복적이고 오류가 잦은 업무를 자동화한다. 은행 계좌와 카드 내역을 연동해 자동으로 장부를 업데이트하고, 지출 결의서를 클릭 한 번으로 생성할 수 있다. 기존에는 직원이 일일이 입력하던 기부금 내역이나 행사 참가비를 AI가 실시간으로 분류해 기록한다. 이러한 자동화는 회계의 정확도를 크게 높이고, 감사 자료로도 활용할 수 있는 수준의 신뢰성을 확보하게 한다. 이는 조직 재정의 투명성을 강화하는 중요한 전환점이 된다.

AI는 단순히 수치를 정리하는 것을 넘어, 이상 징후를 조기에 발견하는 역할도 한다. 반복 패턴과 다른 지출이나 예산을 벗어난 집행을 즉시 표시해 주어 부정 사용을 예방한다. 사기 거래 탐지 기능은 조직의 재정 리스크를 줄이고, 이해관계자에게는 안전망이 있다는 신뢰를 제공한다. 이런 체계적 감시는 소규모 단체가 특히 취약한 부분을 보완하며, 기부자들에게 "안심하고 기부할 수 있다"는 확신을 심어준다.

보고의 품질도 달라진다. AI는 결산 보고서나 사업별 재무 현황을 자동으로 시각화해 준다. 복잡한 엑셀 자료 대신 한눈에 이해할 수 있는 대시보드를 제공하므로, 내부 회의에서의 공유뿐 아니라 외부 보고에도 효과적이다. 일부 단체는 연례 보고서를 작성할 때 AI가 생성한 그래프와 요약을 활용해 투명성과 전문성을 동시에 보여주고 있다. 이는 후원자와 정부 모두에게 긍정적인 인상을 남기며, 향후 재정 지원에도 유리하게 작용한다.

물론 회계 영역에서 AI를 활용할 때는 신중해야 한다. 재정 데이터는 조직의 가장 민감한 자산 중 하나이므로, 보안과 개인정보 보호가 전제되지 않으면 신뢰를 잃을 수 있다. AI 시스템이 외부 서버에 데이터를 저장하거나 학습용으로 활용한다면 유출 위험이 존재한다. 따라서 비영리 조직은 반드시 보안 인증을 갖춘 플랫폼을 선택하고, 내부적으로도 데이터 접근 권한을 명확히 관리해야 한다. 기술적 편의보다 중요한 것은 조직의 신뢰라는 점을 잊어서는 안 된다.

AI 회계 혁신의 본질은 결국 사람과의 관계를 강화하는 데 있다. 자동화는 행정 부담을 줄여주지만, 그 결과로 확보된 시간과 에너지를 어떻게 활용하는지는 조직의 몫이다. 더 많은 시간을 프로그램 개발이나 클라이언트 지원에 투입할 때, 비로소 회계의 투명성이 사회적 가치 창출로 이어진다. 회계의 목적이 단순한 숫자 맞추기가 아니라 신뢰 구축과 공익 실현이라는 점에서, AI는 강력한 보조 도구가 된다.

AI는 비영리 조직의 회계를 보다 정직하고 정확하게 만들어준다. 그리고 그것은 기부자와 사회가 바라는 가장 기본적인 약속이다. AI의 혁신은 단순한 기술 발전이 아니라, 비영리 조직이 책임과 투명성을 지켜내는 새로운 방식이라 할 수 있다.

데이터로 증명하는 전략적 운영

비영리 조직은 효율성만으로 평가되지 않는다. 얼마나 많은 사람들에게 긍정적 변화를 만들어 냈는지, 사회적 가치를 얼마나 창출했는지가 진짜 성과다. 그러나 이러한 가치는 눈에 잘 보이지 않고, 수치로 표현하기 어려운 경우가 많다. 후원자와 정부, 지역 사회는 투명하고 설득력 있는 근거를 요구하지만, 조직 내부는 여전히 경험과 감각에 의존한 의사결정에 머무는 경우가 많다. 바로 이 지점에서 AI가 데이터 기반의 새로운 해법을 제공한다.

AI는 방대한 행정 · 회계 데이터를 단순한 기록에서

전략적 자산으로 바꿔준다. 예산 집행 내역, 기부금 유입 흐름, 프로그램 참여율 같은 자료를 분석하여 어떤 사업이 효과적이고, 어디에 자원을 더 집중해야 할지를 알려준다. 예컨대 한 단체는 AI를 통해 프로그램 참여자 중 중도 이탈률이 특정 시점에 높다는 사실을 파악했다. 단순히 참여자가 줄었다는 현상만 보는 것이 아니라, 원인을 데이터로 확인해 대책을 세운 것이다. 이처럼 분석 결과는 사업 개선뿐 아니라 기부자에게 "우리 활동이 어떤 변화를 만들었는가"를 보여주는 증거가 된다.

예산 관리와 재무 예측에서도 AI는 강력한 도구다. 과거 데이터를 기반으로 미래 지출을 예측하고, 예상치 못한 변화를 반영한 시나리오별 계획을 세울 수 있다. 기부금 수입이 줄거나 정부 보조금이 지연될 때, AI는 미리 경고 신호를 제공해 위기를 완화한다. 소규모 단체라 하더라도 이러한 예측 기능을 갖추면 제한된 자원을 보다 전략적으로 배분할 수 있다. 특히 반복되는 손실이나 불필요한 지출을 조기에 파악함으로써 재정 안정성을 높이는 효과가 크다.

또한, AI는 복잡한 재무 데이터를 직관적으로 보여주는 보고 체계로 전환한다. 복잡한 숫자와 표 대신 시각화된 그래프와 지표를 제시해, 이사회나 외부 감사에서도 한눈에 이해할 수 있는 자료를 제공한다. 이는 내부 직원의 의사결정을 돕는 동시에, 정부와 이해관계자에게 조직의 투명성을 입증하는 근거가 된다. 나아가 회계 규정을 자동으로 반영해 오류를 줄이고, 보고서 작성 시간을 단축함으로써 행정 부담을 획기적으로 경감시킨다.

그러나 데이터 활용은 윤리적 고려와 함께해야 한다. 수혜자의 개인정보, 기부자의 재정 정보는 매우 민감한 자산이다. AI가 이를 분석할 때는 반드시 보호 체계를 갖추고, 데이터 사용 목적을 명확히 해야 한다. 설명 가능한 AI를 통해 분석 근거를 투명하게 공개하는 것도 중요하다. 공익성을 증명하는 도구가 오히려 신뢰를 해칠 수 있기 때문이다.

데이터로 공익성을 증명한다는 것은 단순히 숫자를 나열하는 것이 아니다. 그것은 "우리 조직이 사회를 어떻게 바꾸고 있는가"를 명확히 보여주는 작업이다. AI는 이 과정을 더 정확하고 설득력 있게 만들어준다. 결과적으로 비영리 조직은 더 나은 전략을 세우고, 이해관계자에게는 신뢰를, 클라이언트에게는 더 큰 변화를 제공할 수 있다.

AI를 통한 데이터 활용은 곧 비영리 조직이 미래를 준비하는 방식이다. 경험과 직관에 의존하던 운영을 넘어,

수치와 근거로 공익성을 입증하는 조직은 더 많은 신뢰와 지지를 얻게 된다. 그리고 그것이야말로 사회적 미션을 지속 가능하게 하는 힘이 된다.

참고문헌

서울특별시사회복지사협회(2025). “똑똑Smart work 1차년도 성과공유 사례집(E-book)”. 서울특별시사회복지사협회.

07
AI와 슈퍼비전

비영리 조직에서 슈퍼비전은 슈퍼바이저와 슈퍼바이지가 만나 경험을 공유하고 방향을 세우는 핵심 과정이다. 그러나 기록과 행정에 매몰되면 그 의미가 약화된다. 인공지능은 이러한 부담을 덜어내어, 슈퍼비전이 다시 성찰과 성장을 이끄는 자리로 작동하도록 돕는다.

AI와 애니메이션?

전통적 슈퍼비전의 한계와 AI의 가능성

슈퍼비전(supervision)은 클라이언트에게 최상의 서비스를 제공하기 위해 사회복지사의 전문성을 향상시키고, 기관의 책무성 실현을 위해 조직 차원에서 실행되는 공식적 기제로 정의할 수 있다(최원희 외, 2019). 행정적 기능은 업무를 검토하고 평가하며, 교육적 기능은 전문적 지식과 기술을 습득하도록 지원하고, 지지적 기능은 정서적 부담을 줄이고 동기를 강화한다. 이 세 가지가 균형 있게 작동할 때 슈퍼비전은 비로소 효과를 발휘한다.

그러나 전통적인 슈퍼비전은 여러 한계를 안고 있다. 무엇보다 시간과 인력의 제약이 가장 크다. 사례관리 건수는 계속 늘어나지만, 이를 지도하고 검토할 슈퍼바이저(지도자)의 시간은 늘 부족하다. 많은 슈퍼바이지(실무자)가 경험하는 바와 같이, 행정 업무가 과중하면 슈퍼비전은 형식적으로 흐르기 쉽다. 기록과 보고서에 묶여 충분하고 심층적인 논의가 이뤄지지 못하고, 슈퍼바이지가 기대하는 전문적 피드백이 단순 확인 수준에 머무르는 경우가 많다. 또한 피드백 자체가 주관적 경험이나 인상에 기초하는 경우도 적지 않아, 일관성 있는 기준과 객관성이 부족하다는 지적이 제기된다. 이런 한계는 결국 슈퍼바이지들이 슈퍼비전을 통해 성장하기보다는 평가받는 과정으로만 인식하게 만들고, 슈퍼비전의 효과를 약화시킨다.

AI의 도입은 이러한 한계를 보완할 수 있는 새로운 가능성을 보여준다. 자연어 처리 기술은 상담이나 사례 논의를 자동으로 입력하고, 대화 속 주요 주제를 분석한다. 이를 통해 슈퍼바이저는 방대한 내용을 직접 검토하지 않아도 핵심 쟁점을 빠르게 파악할 수 있다. 또한 데이터 분석 기능은 슈퍼바이지가 사용한 질문의 유형이나 반응 방식 등을 객관적 수치로 제시한다. 이는 막연한 기억에 의존하던 평가를 구체적 근거에 기반한 피드백으로 바꾸어준다. 슈퍼바이저는 슈퍼바이지의 강점을 명확히 확인하고, 개선이 필요한 부분을 구체적으로 제시할 수 있다.

AI는 문서화 과정에서도 혁신적인 효과를 발휘한다. 사례 기록, 회의록, 사업 보고서 초안 작성 등은 오랫동안 현장에서 큰 부담으로 작용해 왔다. 그러나 AI 도구는 이러한 기록을 자동으로 정리하고 표준화된 서식을 제안해 작성 시간을 크게 줄여 준다. 일부 현장에서는 기록 업무가 절반 가까이 단축되었다는 결과가 나타나기도 했다. 이로써 슈퍼바이저와 슈퍼바이지 모두 행정에 소모되는 시간을 줄이고, 실제 클라이언트와의 상호작용이나 전문적 논의에 더 많은 에너지를 쏟을 수 있는 여건이 마련된다.

이러한 변화는 단순한 시간 절약 이상의 의미를 갖는다. 슈퍼비전이 다시금 본래의 목적, 즉 슈퍼바이지의 전문성 향상과 클라이언트 지원 강화에 집중할 수 있게 되는 것이다. AI가 기록과 분석을 맡음으로써 슈퍼바이저는 행정적 부담에서 벗어나 전략적 지도와 관계 중심적 피드백에 집중할 수 있다. 슈퍼바이지는 보다 명확하고 구체적인 피드백을 통해 자신감을 얻고, 전문적 성장을 도모할 수 있다.

중요한 점은 AI가 슈퍼비전을 대체하는 것이 아니라는 사실이다. AI는 객관성과 효율성을 보완하는 조력 도구일 뿐, 공감과 신뢰를 기반으로 한 인간적 지도는 여전히 필수적이다. 그러나 AI를 활용하면 전통적 슈퍼비전이 가진 구조적 약점을 메우고, 슈퍼바이저와 슈퍼바이지가 관계와 학습에 더 많은 자원을 투자할 수 있게 된다. 전통적 방식에서 발생하던 시간 부족과 주관성 문제를 완화하고, 보다 체계적이고 실질적인 지원을 가능하게 하는 기반이 되는 것이다.

결국 AI는 슈퍼비전의 본질을 훼손하지 않고 오히려 강화하는 역할을 할 수 있다. 행정 부담을 줄이고 객관적 근거를 제공함으로써, 슈퍼바이저는 본연의 지도와 지원 기능에 집중할 수 있다. 전통적 슈퍼비전이 가진 한계를 넘어, 슈퍼바이지의 성장과 조직의 책무성을 동시에 강화하는 길을 여는 것이 바로 AI가 제시하는 가능성이다.

AI 기반 슈퍼비전의 실제 적용과 효과

AI 기술이 본격적으로 슈퍼비전에 도입되면서 가장 뚜렷하게 나타나는 변화는 기록과 분석의 자동화다. 슈퍼비전 회의나 사례 논의를 음성으로 기록하면 AI가 이를 신속하게 텍스트로 변환하고, 대화의 흐름 속에서 핵심 주제를 추출한다. 과거에는 회의록이나 사례 기록을 작성하는 데 상당한 시간이 필요했지만, AI는 이를 몇 분 만에 정리해 일관된 형식의 문서로 제공한다. 이러한 자동화는 단순한 편의성을 넘어, 슈퍼바이저가 기록 업무에서 벗어나 실제 슈퍼비전에 더 많은 시간을 할애할 수 있도록 만든다. 슈퍼바이지 또한 행정 부담이 줄어들어 클라이언트와의 상호작용에 집중할 수 있다.

AI는 성과 모니터링에서도 강력한 도구로 활용된다. 데이터 분석을 통해 클라이언트의 변화 과정을 수치화하고 시각화함으로써, 슈퍼바이저가 슈퍼바이지의 개입 효과를 객관적으로 확인할 수 있다. 특정 프로그램 참여자의 만족도 변화, 스트레스 수준의 감소, 상담 과정에서 사용된 질문 유형 등 다양한 지표가 실시간으로 수집 · 분석된다. 이 자료는 슈퍼바이저가 슈퍼바이지에게 근거 기반 피드백을 제공하는 데 활용되며, 더 나아가 기관 차원의 서비스 개선에도 중요한 기초가 된다. 전통적으로 주관적 관찰에 의존하던 평가가 데이터 기반으로 전환되면서, 슈퍼비전의 신뢰성과 설득력이 크게 높아진 것이다.

교육적 기능에서도 AI의 활용은 두드러진다. AI는 다양한 시뮬레이션을 통해 슈퍼바이지들이 가상의 클라이언트와 대화를 나누며 훈련할 수 있는 환경을 제공한다. 이 과정에서 즉각적인 피드백이 제공되어, 질문 방식이나 언어 습관의 문제점을 슈퍼바이지가 스스로 확인할 수 있다. 또한, AI는 상담 대화 속에서 사용된 개방형 질문, 공감적 반응, 지시적 발언의 비율을 분석해 수치로 보여준다. 이를 통해 슈퍼바이지는 자신의 의사소통 방식을 구체적으로 이해하고, 개선이 필요한 부분을 명확히 알 수 있다. 슈퍼바이저 역시 이 데이터를 바탕으로 슈퍼바이지의 강점과 약점을 보다 체계적으로 지도할 수 있다.

AI는 지지적 슈퍼비전에도 일정한 기여를 한다. 슈퍼

바이지가 작성한 일지나 상담 기록 속 감정 표현을 분석하여 스트레스나 소진의 신호를 조기에 발견할 수 있다. 이를 통해 슈퍼바이저는 슈퍼바이지의 어려움을 사전에 인지하고 적절한 지원을 제공할 수 있다. 감정 분석 결과는 단순한 통계가 아니라, 슈퍼바이지의 정서적 안정을 돕기 위한 대화와 지지로 이어지는 출발점이 된다. 그동안 간과하기 쉬웠던 정서적 부담을 객관적 자료를 통해 확인할 수 있다는 점에서 큰 의미가 있다.

이처럼 AI는 슈퍼비전의 각 기능 "행정적, 교육적, 지지적" 기능을 보완하고 강화하는 도구로 자리 잡고 있다. 행정적 영역에서는 기록과 문서화를 자동화해 시간을 절약하고, 교육적 영역에서는 데이터 기반 피드백과 시뮬레이션을 통해 학습 효과를 높인다. 지지적 영역에서는 정서적 신호를 포착해 슈퍼바이지 지원을 구체화한다. 이러한 변화는 슈퍼비전이 단순한 관리 절차를 넘어, 슈퍼바이지의 성장을 이끄는 실질적 장치로 기능할 수 있음을 보여준다.

중요한 점은 이러한 효과가 기술 그 자체에서만 오는 것이 아니라, 이를 어떻게 활용하느냐에 달려 있다는 것이다. AI는 보조 도구일 뿐, 슈퍼바이저의 전문적 판단과 관계적 지도 없이는 의미를 가질 수 없다. 그러나 적

절히 활용된다면, AI는 전통적 슈퍼비전의 한계를 넘어 이를 통해 슈퍼바이지의 역량 강화와 더불어 조직 내 투명성 · 책무성 확보에도 기여할 수 있다(CW360, 2025).

참고문헌

최원희 외(2019). “슈퍼비전 실행과정과 기능이 사회복지사의 고객지향성에 미치는 영향: 슈퍼비전 만족의 매개효과”. 《한국콘텐츠학회논문지》, 19(5), 404~416쪽.

CW360(2025). The evolving role of technology in child welfare. Center for Advanced Studies in Child Welfare, University of Minnesota. https://z.umn.edu/CW360_2025

08
AI와 비영리 조직 윤리

AI는 새로운 가능성을 열어주지만, 비영리 조직에서의 활용은 무엇보다 윤리적 사용이 우선되어야 한다. 기부자와 클라이언트가 기대하는 것은 기술의 성능이 아니라 공정한 절차와 책임 있는 결정이다. 데이터 편향, 개인정보 유출, 불투명한 판단은 단 한 번으로도 조직의 신뢰를 무너뜨릴 수 있다. 그렇기에 비영리 조직의 AI 도입은 효율을 넘어 윤리를 지켜내는 방식으로 이루어져야 한다.

AI와 인재 채용?

AI와 신뢰를 지켜내는 힘

비영리 조직에서 신뢰는 가장 중요한 자산이다. 기부자는 자신의 자원이 투명하게 쓰일 것이라는 믿음을 전제로 후원을 결정하고, 클라이언트는 자신이 의지하는 기관이 공정하고 안전하게 서비스를 제공할 것이라 기대한다. 그런데 AI가 도입되면서 이 신뢰는 새로운 시험대에 오르게 되었다. AI는 방대한 데이터를 학습해 판단을 내리지만, 데이터에 담긴 편향과 오류까지 그대로 반영한다는 특성을 갖고 있다. 조직이 이를 인식하지 못하면, 특정 집단이 배제되거나 불리하게 취급되는 결과가 발생할 수 있다. 이는 공정성을 무엇보다 중시하는 비영리 조직에게 치명적인 문제다.

편향은 단순한 기술적 결함이 아니다. 사회 속에 쌓여온 불평등이 데이터 속에 반영되어, 그대로 다시 재생산되는 것이다. 그리고 알고리즘 편향의 문제는 공정성과 투명성 문제와 직결된다(김혜경, 2021). 예를 들어, 과거 특정 지역이나 집단이 지원에서 소외된 기록이 많다면, AI는 그 패턴을 학습해 같은 그룹을 우선순위에서 밀어낼 수 있다. 비영리 조직이 이러한 결과를 그대로 사용한다면, 의도치 않게 차별을 강화하는 구조를 만들게 된다. 결국 AI 활용은 '얼마나 정확하냐'의 문제가 아니라, '얼마나 공정하게 쓰이느냐'의 문제로 이어진다.

신뢰는 공정성과 연결된다. 만약 기부자 분석 시스템이 고액 기부 가능성이 낮은 사람들을 무시하거나, 특정 배경의 지원자를 불리하게 평가한다면, 조직은 사회적 평판을 잃는다. 기부자는 자신이 지지하는 단체가 차별적 기술을 사용한다는 사실을 알게 되는 순간 등을 돌릴 수 있다. 클라이언트 또한 불공정한 선별 과정을 경험하면, 다시는 기관을 찾지 않을 것이다. 작은 편향 하나가 수년간 쌓아온 신뢰를 단번에 무너뜨리는 결과를 낳을 수 있다.

따라서 AI를 도입하는 과정에서 가장 먼저 점검해야 할 것은 성능이 아니라 '신뢰'다. 신뢰를 지키기 위해서는 몇 가지 노력이 필요하다. 첫째, 데이터가 어디에서 왔는지, 어떤 편향을 담고 있는지 끊임없이 점검해야 한다. 둘째, AI의 결과를 그대로 받아들이지 않고, 사람의 판단으로 보완하는 절차를 반드시 거쳐야 한다. 셋째, 클라이언트와 기부자에게 AI 활용 과정을 투명하게 설명하고, 결과에 책임을 지겠다는 태도를 보여야 한다.

비영리 조직이 AI를 활용한다고 해서 곧바로 신뢰를 잃는 것은 아니다. 오히려 올바른 기준을 세운다면, 신뢰를 더 강화할 수 있다. 편향을 관리하고, 공정성을 보장하며, 결과를 설명할 수 있는 체계를 마련한다면, AI는 단체들의 사회적 신뢰를 더 넓히는 도구가 된다. 결국 중요한 것은 기술이 아니라, 그 기술을 어떻게 다루는가에 있다. 비영리 조직이 AI와 함께 가야 할 길은 효율성보다 먼저 신뢰를 지켜내는 길이다.

투명한 결정과 책임 있는 사용

AI는 눈에 보이지 않는 계산 과정을 거쳐 결과를 내놓는다. 문제는 이 과정이 사용자에게는 불투명하게 보인다는 점이다. 어떤 데이터를 근거로, 어떤 과정을 거쳐 결론에 도달했는지 알기 어렵다. 비영리 조직이 이런 결과를 그대로 사용하면, 설명할 수 없는 판단이 정책이나 지원 결정에 반영될 수 있다. 이는 조직이 지켜야 할 투명성과 책임성을 심각하게 훼손한다.

특히 비영리 조직은 기부자와 클라이언트 모두에게 높은 수준의 설명 책임을 요구받는다. 기부자는 자신의 기부금이 어떻게 쓰이는지 납득할 수 있어야 하고, 클라이언트는 왜 자신이 어떤 서비스를 받거나 받지 못했는지 이해할 수 있어야 한다. 그런데 AI가 제시한 결정을 "시스템이 그렇게 분석했다"라는 말로 설명한다면, 신뢰는 쉽게 흔들린다. 기술적 효율이 아무리 높아도,

그 과정이 불투명하다면 사회적 정당성은 설 자리를 잃는다.

개인정보 보호 문제는 이 투명성 논의와 맞물린다. AI는 학습을 위해 수많은 데이터를 요구한다. 여기에는 기부자의 재정 상태, 클라이언트의 건강 정보, 자원봉사자의 이력 등 민감한 데이터가 포함된다. 한 번의 유출이나 오남용은 곧 조직 전체의 위기로 이어진다. 단순히 법적 처벌을 넘어서, 기부자의 신뢰와 클라이언트의 존엄을 잃게 되는 것이다. 따라서 데이터 보호는 기술적 과제가 아니라, 조직의 존재 이유와 직결된 문제다.

투명성과 책임을 확보하기 위해서는 몇 가지 노력이 필요하다. 첫째, AI의 결과를 맹신하지 않고 항상 사람이 최종 판단권을 가진다는 원칙을 세워야 한다. 둘째, 어떤 근거로 결과가 도출되었는지 설명할 수 있는 체계를 마련해야 한다. AI 도구 선택 시에도 설명 가능한 AI(Explainable AI)를 우선 고려하는 이유가 여기에 있다. 셋째, 개인정보를 다룰 때는 최소한의 데이터만 활용하고, 저장 · 활용 과정 전체에 보안 원칙을 적용해야 한다.

책임 있는 사용이란 단순히 실수를 피하는 차원을 넘어선다. 결과를 납득시킬 수 있어야 하고, 문제가 생겼을 때 책임의 소재를 분명히 해야 한다는 의미다. 결국 기술이 아니라 사람이 책임을 지는 구조가 필요하다. 비영리 조직은 공공의 신뢰를 기반으로 움직이기 때문에, 더욱 이 원칙을 놓칠 수 없다.

AI는 비영리 조직의 효율을 높이고 새로운 가능성을 열어주는 도구이지만, 그 힘은 투명성과 책임이 뒷받침될 때만 의미를 가진다. 클라이언트와 기부자가 조직의 설명을 신뢰할 수 있어야, AI의 결과 또한 사회적 가치를 실현하는 힘으로 받아들여진다. 결국 중요한 것은 빠른 결정이 아니라, 설명할 수 있는 결정이다.

효율을 넘어서는 우선순위

AI가 비영리 조직에 도입되는 가장 큰 이유는 '효율'이다. 반복되는 행정 업무를 줄이고, 방대한 데이터를 신속하게 정리하며, 더 많은 사람에게 서비스를 제공할 수 있도록 돕는다. 실제로 많은 조직이 AI 도구를 활용하면서 보고서 작성 시간 단축, 행정 비용 절감, 모금 성과 향상 같은 눈에 보이는 효과를 경험하고 있다. 그러나 여기서 중요한 질문이 남는다. 효율만을 좇는 것이 과연 비영리 조직이 지켜야 할 최우선 과제일까?

효율은 분명 필요하다. 하지만 효율이 모든 판단의

중심이 되는 순간, 조직의 본질은 흔들리기 쉽다. 상담 기록을 AI가 대신 작성하면 업무 부담은 줄어들지만, 상담의 의미가 단순히 데이터로 환원될 위험이 있다. 모금에서 AI가 기부자의 패턴을 분석해 최적의 기부 금액을 계산해 주더라도, 그 과정에 담긴 관계와 감정의 교류는 기술로 대체할 수 없다. 효율이 높아질수록 오히려 인간적인 접점이 사라지고, 조직의 정체성이 약화될 수 있다.

비영리 조직의 가치는 속도나 생산성이 아니라, 사회적 의미와 관계 속에서 드러난다. 클라이언트가 느끼는 존엄, 기부자가 경험하는 참여의 보람, 자원봉사자가 얻는 성장의 기회는 숫자로 환산하기 어렵다. 그러나 AI는 '측정할 수 있는 것'을 우선시한다. 클릭률, 응답 속도, 투자 수익률 같은 지표는 즉각적인 결과를 보여주지만, 장기적인 변화와 질적인 성과를 가리기는 어렵다. 이 때문에 조직이 효율성 지표에 지나치게 의존하면, 정작 중요한 가치가 뒷전으로 밀려날 위험이 있다.

따라서 AI를 활용할 때 가장 중요한 것은 무엇을 우선할 것인가라는 질문이다. 효율이 아니라, 사람의 경험과 존엄이 우선이어야 한다. 기부자의 기여가 단순한 수치로만 관리되지 않도록, 봉사자의 참여가 자동화된 기록에만 머물지 않도록, 클라이언트의 이야기가 데이터로 축소되지 않도록 조직은 기준을 세워야 한다. 그 기준은 결국 기술을 관리하는 사람이 만들어야 한다. AI는 스스로 우선순위를 정하지 않는다. 그것은 조직이 결정해야 하는 몫이다.

효율을 넘어선 우선순위는 관계를 지키는 일과도 맞닿아 있다. 기부자에게 감사 전화를 직접 거는 일, 클라이언트와 눈을 맞추고 이야기를 나누는 일, 자원봉사자와 소소한 성과를 공유하는 일은 단순한 시간이 아니라 신뢰를 쌓는 순간이다. AI가 효율을 대신 만들어 줄 수는 있어도, 이런 관계적 경험은 대체할 수 없다. 기술은 시간을 벌어주지만, 그 시간을 어떻게 쓰느냐는 전적으로 조직과 사람에게 달려 있다.

결국 AI는 잘 쓰면 효율과 가치를 동시에 살릴 수 있는 도구다. 하지만 그 전제는 명확하다. 효율은 수단이지 목적이 아니다. 비영리 조직은 효율을 얻되, 그 위에 사람과 관계, 존엄을 쌓아야 한다. 기술이 주는 속도와 편리함은 잠시의 이익일 뿐, 조직을 오래 지탱하는 힘은 언제나 사람이 만든 의미와 관계에서 나온다. AI를 도입할 때 반드시 기억해야 할 점은, 효율보다 앞서는 우선순위가 있다는 사실이다. 그것이 흔들리지 않을 때, 기술은 비로소 조직을 확장시키는 힘이 된다.

참고문헌

김혜경(2021). "플랫폼 알고리즘 운영의 공정성과 투명성 확보". 《4차산업혁명 법과 정책》, 제4호, 47~82쪽.

09
AI와 민원 관리

민원은 불편의 표현이 아니라 변화를 요구하는 목소리다. 문의와 제안, 불만 속에는 신뢰와 존중을 바라는 기대가 담겨 있다. 그러나 인력과 자원이 부족한 현실에서 대응은 자주 늦어지고, 상황이 길어지면 관련 기관으로까지 이어져 조직의 부담이 커진다. 이러한 환경 속에서 AI는 반복되는 업무를 줄이고, 다양한 목소리에 신속하게 응답할 수 있는 기반을 제공하고 있다. 중요한 것은 속도가 아니라, 응답 과정에서 신뢰를 지켜내는 일이다.

AI와 기자?

끊이지 않는 목소리에 응답하는 기술

비영리 조직에서 발생하는 민원은 단순한 불편 신고로 끝나지 않는다. 지역 주민, 이용자, 보호자, 기부자, 자원봉사자까지 다양한 이해관계자가 전하는 목소리의 집합이다. 문의 하나에도 불만과 기대, 걱정이 함께 담겨 있다. 그러나 비영리 조직의 현실은 늘 녹록지 않다. 인력은 부족하고, 한 사람이 여러 역할을 동시에 감당하는 경우가 대부분이다. 반복되는 전화와 방문, 이메일 문의는 금세 부담이 되고, 중요한 메시지가 늦게 전달되기도 한다. 결국 민원 관리는 서비스 만족도뿐 아니라 조직의 신뢰와 직결되는 핵심 업무임에도 불구하고, 가장 소진이 큰 영역 중 하나로 자리 잡아왔다.

이 과정에서 문제가 더 복잡해지거나 확대되는 경우도 있다. 민원인이 기관의 응답에 만족하지 못하면, 관련 상위 기관으로 직접 민원을 제기하기도 한다. 이렇게 단계가 넘어가면 단순한 불만이 행정적 절차와 규제 검토로 확대되고, 기관의 대응은 한층 무거워진다. 같은 사안이 다양한 경로를 통해 반복적으로 접수되면 행정력 소모는 커지고, 때로는 기관의 평판에까지 영향을 미친다. 현장의 직원은 민원 응대뿐 아니라 보고서 작성, 민원 일지, 해명 자료 준비, 관계 기관과의 협의까지 함께 떠안아야 한다. 결국 하나의 민원이 연쇄적으로 조직 전체를 압박하는 구조가 만들어지는 것이다.

하지만 이제는 AI를 통해 챗봇이나 가상 상담 시스템을 통해 반복되는 질문에 즉시 답변하고, 필요한 요구 사항을 자동으로 안내하며, 간단한 절차를 실시간으로 처리한다. 직원이 직접 응대하지 않아도 되는 사안이 줄어들면서, 조직은 더 중요한 대화에 집중할 수 있는 시간을 확보한다. AI가 민원을 1차로 걸러 주면, 현장은 신속성과 정확성을 동시에 얻을 수 있다. 단순한 응답 속도를 높이는 것이 아니라, 사람의 손이 닿아야 하는 민원을 구분해 내는 체계를 마련하는 것이다.

AI의 역할은 여기에 그치지 않는다. 대화 내용 속 감정을 분석해 불만이 고조되는 순간을 미리 알려주거나, 특정 주제에 반복적으로 제기되는 문제를 데이터화해서 보여준다. 과거에는 경험에 의존하던 민원 관리가 이제는 수치와 패턴으로 드러난다. 이를 통해 조직은 단발적인 문제 해결을 넘어, 구조적 개선을 시도할 수 있다. 또한 다양한 언어로 자동 번역해 주는 기능은 다문화 가정이나 외국인 클라이언트와의 소통에도 도움을 준다. 접근성 확대라는 점에서, AI는 새로운 포용의 통로가 된다.

그러나 기술이 모든 해결을 제공하는 것은 아니다. AI

가 아무리 정교하더라도, 민원에 담긴 복잡한 맥락과 감정을 온전히 해석할 수는 없다. 어떤 불만은 표면적인 문제 해결이 아니라 진심어린 사과와 공감의 대화로 풀려야 한다. 따라서 AI는 보조 수단일 뿐, 최종적으로 관계를 지켜내는 것은 여전히 사람의 몫이다. 중요한 것은 AI가 반복 업무를 덜어냄으로써 직원들이 클라이언트와의 직접적인 소통에 더 많은 에너지를 쏟을 수 있게 만드는 구조적 변화다.

목소리 톤이 높고, 끊이지 않는 목소리에 응답하는 일은 결코 가벼운 과제가 아니다. 그것은 비영리 조직이 사회적 신뢰를 쌓는 과정이자, 미션을 지탱하는 기반이다. AI는 이 과정을 대신하는 것이 아니라, 더 충실히 이어갈 수 있도록 돕는 도구다. 기술이 다루는 것은 효율성이지만, 그 효율성이 향하는 곳은 결국 사람과 사람 사이의 신뢰다.

자동화 너머, 관계를 지켜내는 힘

AI가 민원 관리에 도입되면서 가장 먼저 체감되는 변화는 반복 업무의 자동화다. 민원인 요청에 따른 개인정보 변경, 후원금 영수증 발급, 프로그램 일정 안내, 식단 안내처럼 정형화된 문의는 이제는 챗봇이 빠르고 정확하게 처리한다. 직원들은 예전처럼 하루 종일 전화를 붙잡고 동일한 질문에 답하거나 에너지를 쏟지 않아도 된다. 덕분에 한정된 인력이 더 중요한 민원, 복잡한 요구를 다루는 데 집중할 수 있게 된다. 이는 단순히 시간을 절약하는 수준이 아니라, 조직 운영의 방식 자체를 바꾸는 변화이기도 하다.

그러나 비영리 조직의 민원은 '문제 해결'로만 끝나지 않는다. 불만을 제기하는 목소리 뒤에는 관계를 이어가고자 하는 기대가 숨어 있다. 기부자는 자신의 기부가 어떻게 쓰이는지 확인받고 싶어하고, 수혜자는 존중받고 있다는 마음을 원한다. 자원봉사자는 참여 경험을 더 의미 있게 느끼고자 한다. 이런 정서적 요구는 단순한 자동 응답으로 채워지지 않는다. 기술이 아무리 정교해져도 "내 이야기를 들어주고 있다"는 확신을 주는 것은 결국 사람의 대화와 태도다. 아무리 화가 난 민원인이라도 "물 한잔 드릴까요?"라는 말 한마디에 격한 감정이 수그러들 수가 있다.

실제로 현장에서는 자동화가 오히려 소외감을 키울 수 있다는 우려도 나온다. 같은 질문에 매번 동일한 답변만 반복하는 챗봇은 문제 해결에는 유용하지만, 개인이 존중받는 경험을 주기에는 아직 많이 부족하다. 민원이 단순한 절차를 넘어 관계의 메시지일 때, 기계적인 답변은 오히려 불신을 낳는다. 따라서 조직이 AI를 도입할 때 가장 중요한 기준은 '얼마나 효율적인가'가 아니라 '어떻게 신뢰를 지켜내는가'다.

AI가 관계를 무너뜨리지 않고 강화하는 방식은 분명히 있다. 첫째, AI는 문제의 성격을 구분해 단순한 문의와 민원은 즉시 처리하고, 감정이 담긴 복잡한 민원은 직원에게 신속히 연결하는 스마트 라우팅(Smart Routing) 기능을 제공한다. 이를 통해 클라이언트는 대기 시간 없이 상황에 맞는 응대를 받을 수 있다. 둘째, AI는 민원인의 감정을 분석하여 불만이 커지기 전에 경고 신호를 알려준다. 직원은 미리 상황을 파악하고 맞춤형 대응 전략을 세울 수 있다. 셋째, 대화 내용을 자동으로 기록하고 요약하며 담당자가 후속 대응을 더 정교하게 준비할 수 있게 한다. 이런 흐름은 기술이 사람의 역할을 대체하는 것이 아니라, 관계를 지키기 위한 시간을 되돌려주는 방식이다.

또한, 자동화를 통해 확보된 여유는 새로운 관계 형성의 기회가 된다. 한 기관은 AI가 반복 민원을 처리해 주면서 직원들이 기부자에게 전화를 걸어 감사 인사를 전할 수 있는 시간을 만들었다. 단순히 응대 부담을 줄인 것이 아니라, 신뢰를 회복하고 관계를 강화하는 데 AI가 기여한 셈이다. 자동화가 끝이 아니라, 더 깊은 소통으로 이어지는 출발점이 된 것이다.

비영리 조직이 AI를 민원 관리 도구로 활용한다는 것은 단순하게 업무의 속도를 높이는 것이 아니다. 어쩌면 반복과 소모로 가득했던 민원 업무가 이제는 기관에 대한 신뢰와 애정으로 전환된다. 기술이 도와주는 것은 효율이지만, 그 효율이 지향해야 하는 최종 목적은 언제나 사람과 사람 사이의 관계이기도 하다.

신뢰를 잃지 않는 민원 관리의 길

비영리 조직에서 민원은 부담이지만 한편으로는 기회이기도 하다. 한쪽에서는 업무 과부하와 소진의 원인으로 작용하지만, 다른 한쪽에서는 조직이 성장할 수 있는 새로운 자극이 되기도 한다. 민원은 단순히 문제를 제기하는 행동이 아니다. 기부자는 자신의 기부가 올바르게 사용되길 바라는 마음을, 자원봉사자는 자신의 시간이 존중받기를 바라는 뜻을, 수혜자는 생활에 도움이 되는 기대를 담는다. 다시 말해, 민원은 불만의 언어인 동시에 참여와 개선의 요청이다. 기관이 이를 어떻게 해석하고 대응하느냐에 따라 신뢰가 무너지기도 하고, 오히려 강화되기도 한다. 과거의 민원 대응은 개별 요구 사항을 해결하는 수준에 머무는 경우가 대부분이었다. 그러나 이런 방식은 같은 문제가 반복될 때 근본적 해결책을 제시하지 못한다는 한계를 드러냈다. 응답은 있었지만 변화가 없으니, 민원인은 "내 의견을 존중하는 게 맞는가"라는 회의감을 갖게 된다. 결국 신뢰를 잃지 않는 민원 관리란, 단순히 빠르게 해결하는 것이 아니라 조직이 실제로 달라지는 모습을 보여주는 과정이기도 하다.

여기서 AI는 민원을 새로운 각도에서 바라보게 만든다. 개별 요구 사항을 넘어 축적된 데이터를 분석해, 반복되는 주제와 구조적 문제를 드러내준다. 직원이 경험적으로만 알던 불만이 수치와 그래프로 나타날 때, 그것은 더 이상 개인적 불편이 아니라 조직 차원의 해결 과제로 바뀐다. 기관에 특정 사업에 대한 불만이 꾸준히 접수된다면, 단순 응대 차원을 넘어 사업 계획 단계부터 재검토가 필요하다는 신호로 볼 수 있다. AI는 이런 흐름을 감지해 보고하고, 기관은 이를 근거로 정책적이고 전략적으로 결정을 내릴 수 있다.

또한, AI는 기록의 투명성을 강화한다. 민원이 접수된 순간부터 종결까지 전 과정을 자동으로 저장하고, 필요한 경우 즉시 공유할 수 있다. 과거에는 민원 처리 과정이 내부 문서에 머물러 외부에 공개되지 않았지만, 이제는 민원 데이터가 공개 가능한 형태로 남는다. 이는 단순히 책임 회피를 막는 장치가 아니라 "우리 조직은 의견을 듣고 있다"는 사실을 보여주는 증거이기도 하다. 투명성은 곧 신뢰로 이어지며, 이는 기부자와 지역 사회가 조직을 다시 선택하게 만드는 핵심 요인으로 작용한다. 이런 상황에서 AI 기반 기록 · 분석 체계는 큰 도움이 된다. 동일한 민원이 여러 경로로 제기될 때도, 데이터베이스화된 기록이 근거 자료로 활용되어 불필요한 오해나 과잉 대응을 막아준다. 즉, AI는 응답 도구를 넘어 조직을 방어하고 보호하는 안전망이 될 수 있다. 물론 직원도 보호될 수 있다.

그러나 아무리 기술이 발전해도 신뢰는 시스템에서 자동으로 생성되지 않는다. AI가 아무리 정교하게 분석하더라도, 민원의 본질은 결국 관계와 태도의 문제이기도 하다. 경청은 사람의 표정, 어조, 책임 있는 행동에서 비롯된다. 따라서 조직이 AI를 도입할 때 가장 중요한 것은 '어떤 도구를 쓸 것인가'가 아니라 '이 도구를 통해 어떤 태도를 보여줄 것인가'다. AI가 반복적인 업무를 줄여준다면, 그 여유를 진정한 공감과 책임 있는 소통으로 전환하는 것이 필요하다. 민원은 피하고 싶은 골칫거리가 아니라 조직이 성숙할 수 있는 거울이다. 동일한 문제가 반복된다면, 그것은 제도가 현실을 충분히 반영하지 못한다는 신호다. 클라이언트가 남긴 작은 제안이 서비스 개선으로 이어질 때, 불만이 제도 변화로 연결될 때, 비로소 신뢰는 쌓인다. AI는 이 과정을 뒷받침하는 도구로서, 민원의 흐름을 기록하고, 변화를 체계적으로 문서화하며, 그 결과를 다시 지역 사회와 공유하게 만든다. 결국 신뢰를 잃지 않는 민원 관리란 빠른 응답의 문제가 아니라, 민원이 남긴 목소리로 조직이 실제로 어떻게 달라졌는가를 보여주는 일이다.

참고문헌

김혜경(2021). "플랫폼 알고리즘 운영의 공정성과 투명성 확보". 《4차산업혁명 법과 정책》, 제4호, 47~82쪽.

10
AI와 비영리 조직의 미래

AI의 미래는 곧 비영리 조직의 미래와 맞닿아 있다. 기술은 혼자 완성되지 않는다. 비영리 조직과 개발자, 그리고 당사자가 함께 참여할 때 비로소 사회를 바꾸는 힘이 된다. 사람과 기술이 만나는 지점에서 중요한 것은 속도나 규모가 아니라, 사람을 중심에 두는 원칙이다. 협력과 신뢰 위에 세워진 기술만이 지속 가능한 미래를 열 수 있다.

AI와 미래 의사?

사회 변화의 중심에 서는 비영리 조직

AI의 발전은 단순한 기술적 진보가 아니라 사회 질서를 다시 계획하는 거대한 흐름이다. 이제 질문은 'AI가 무엇을 할 수 있는가'가 아니라, "AI를 통해 누가 사회적 문제를 변화시킬 것인가"로 바뀌고 있다. 지금까지 사회 문제 해결의 무대는 정부와 기업이 주도해 왔다. 정부는 정책으로, 기업은 상품과 서비스로 답을 내놓았다. 그러나 AI 시대에는 이런 구조가 달라질 수 있다. 현장의 경험과 지역 주민의 신뢰를 가진 비영리 조직이, AI를 통해 사회 변화의 중심 무대로 들어설 가능성이 열리고 있다.

비영리 조직은 늘 사회 문제를 가장 먼저 감지하는 곳이다. 빈곤, 고립, 환경 문제, 차별과 불평등은 숫자로 집계되기 전에 사람들의 일상 속에서 먼저 나타난다. 지금까지 비영리 조직은 이런 경험을 '보고'하거나 '대응'하는 데 집중했다. 하지만 AI가 결합하면 역할이 완전히 달라진다. 데이터를 수집하고 분석하는 능력이 강화되면서, 단순히 보고하는 위치를 넘어 사회적 위험과 변화를 먼저 제안하고, 해결 방향을 주도하는 역할을 할 수 있다. 이는 AI와 같은 4차 산업혁명 기술이 긍정적 · 부정적 측면을 동시에 지니므로, 선제적 대응 전략이 필요하다는 분석과도 맞닿아 있다(사회적가치연구원, 2023).

2026년 시행을 앞두고 있는 '돌봄통합지원법'에서 특정 지역에서 발생하는 돌봄 공백 문제를 비영리 조직이 AI로 분석해 구체적인 수치로 제시한다면, 이는 정부 정책이나 지방자치단체의 의사결정에 중요한 근거가 된다. 비영리 조직이 AI를 통해 쌓는 데이터는 곧 사회 변화를 이끄는 근거이자, 새로운 공론의 중심이 된다.

이 과정에서 전문성의 의미도 바뀐다. 과거에는 특정 학문이나 직업적 경험이 전문성을 규정했다면 이제는 다양한 주민이 만들어 내는 경험과 목소리가 데이터로 집약되고, AI를 통해 분석될 때 그것이 곧 새로운 전문성이 된다. 비영리 조직이 AI를 통해 참여자의 의견, 기부자의 기대, 지역 주민의 경험을 모으고 해석한다면, 그 자체가 사회적 의제를 뒷받침하는 강력한 근거가 된다. 이는 조직 하나의 보고가 아니라 집단의 경험과 집단 지성이 사회 의제를 구성하는 토대가 되는 것이다.

결국 비영리 조직은 서비스 제공자에 머무르지 않고, 사회적 담론의 설계자로 변화한다. "문제를 해결하는 기관"에서 "사회가 어떤 문제를 해결해야 하는지 제안하는 주체"로 확장되는 것이다. 과거에는 한정된 자료와 경험으로 목소리를 낼 수밖에 없어 설득력이 부족했다. 하지만 AI와 결합하면서 경험이 데이터가 되고, 데이터가 증거가 되어 훨씬 강력한 사회적 영향력을 발휘할 수 있다.

이 변화는 단순한 가능성이 아니라 이미 진행 중인 현실이기도 하다. 기후 위기 대응, 고령화 사회의 돌봄, 저출산 문제, 지역 불평등 해소 등은 정부와 기업만으로 해결하기 어렵다. 오히려 주민과 밀접하게 관계 맺는 비영리 조직이 AI를 통해 수집한 데이터와 현장의 해석이 더 신뢰받을 수 있다. 문제를 가장 가까이서 목격하는 주체가 바로 AI 시대의 변화를 설명할 수 있는 최적의 위치에 서게 되는 것이다.

그렇다고 해서 기술이 비영리 조직의 본질을 바꾸는 것은 아니다. 오히려 본질을 더 선명하게 드러낸다. 비영리 조직의 힘은 언제나 신뢰에서 시작된다. AI는 그 신뢰를 데이터와 증거로 강화해 준다. 관계와 공감이 만든 이야기가 수치로 증명될 때, 사회적 영향력은 배가 된다. 이 과정에서 비영리 조직은 단순히 시대에 적응하는 조직이 아니라, 새로운 사회 질서를 제안하는 나침반 역할을 하게 된다.

AI 시대의 비영리 조직은 단순한 혁신 수용자가 아니라 사회 변화의 기준을 다시 세우는 주체이며, 앞으로의 의제를 주도할 수 있는 핵심 행위자가 될 수 있다. 기술은 조력자일 뿐, 진정한 변화의 힘은 여전히 현장에 있고 주민에게 있다. 이제 필요한 것은 비영리 조직이 AI를 전략적으로 활용해, 사회적 신뢰를 바탕으로 미래의 길을 설계하겠다는 확고한 의지다. AI는 그 선택을 가능하게 하는 강력한 도구이며, 지금이 바로 그 미래를 준비해야 할 시점이다.

디지털 격차, 미래를 가르는 분기점

AI 시대의 가장 큰 위험은 기술 그 자체가 아니라, 기술을 다루는 능력의 차이에서 생긴다. 같은 사회 문제를 다루더라도, 어떤 조직은 AI를 통해 새로운 돌파구를 찾고, 어떤 조직은 변화의 문턱 앞에서 머무른다. 이 차이는 단순히 속도의 문제가 아니라, 미래의 지속 가능성을 좌우하는 분기점이 된다.

디지털 격차는 단순히 장비 교체가 해결의 완성이 아니다. 한 조직은 클라우드 기반 협업과 AI 분석 도구를 활용해 투명하고 빠르게 대응하는 반면, 다른 조직은 여전히 수기로 기록하고 이메일에 의존하며 의사결정을 늦춘다. 전자는 기부자와 주민의 신뢰를 얻으며 성장하지만, 후자는 점점 고립되고 경쟁력을 잃는다. 같은 사명을 가진 조직이라도 디지털 역량에 따라 사회적 영향력은 극명하게 갈라진다. 현장에서는 이미 그 차이가 나타나고 있다. 일부 모금 기관은 AI를 활용해 기부자 이탈을 미리 예측하고 맞춤형 소통으로 관계를 강화한다. 반면 다른 기관은 기부자 명단 관리조차 제대로 되지 않아, 연락이 끊기거나 민원이 발생한 후에야 문제를 인식한다. 어떤 곳은 지역 주민의 목소리를 실시간으로 모아 정책 제안에 활용하지만, 또 다른 곳은 설문지를 모으는 데도 몇 달이 걸린다. 이 차이는 단순한 운영 방식의 차이가 아니라, 사회적 신뢰와 생존을 가르는 경계선이 된다.

디지털 격차는 내부 직원에게도 큰 영향을 미친다. AI를 활용해 반복 업무를 줄인 조직은 직원들이 전략적 과제와 현장 중심 활동에 더 많은 시간을 쏟을 수 있다. 그 결과 소진을 예방하고, 새로운 아이디어를 시도할 여유를 가진다. 반대로 디지털 도구가 뒷받침되지 않는 조직은 여전히 보고서와 행정에 묶여, 직원들이 지쳐 퇴사하는 악순환에 빠진다. 같은 일을 하더라도 어떤 곳은 성장을 경험하고, 어떤 곳은 소진만 남게 되는 것이다.

더 큰 문제는 이러한 격차가 시간이 갈수록 더 빠르게 벌어진다는 점이다. AI와 디지털 기술은 학습을 통해 스스로 고도화되기 때문에, 일찍 시작한 조직은 시간이 지날수록 더 큰 우위를 확보한다. 반면 늦게 시작한 조직은 따라잡기 어려운 장벽에 직면한다. 지금의 작은 차이가 앞으로 5년 뒤에는 조직의 존속 여부를 좌우할 수도 있다.

이런 맥락에서 디지털 격차는 단순한 기술 문제가 아니라, 사회 정의의 문제로도 이어진다. 어떤 조직은 AI 덕분에 더 많은 클라이언트에게 빠르고 맞춤형의 서비스를 제공하는 반면, 다른 조직은 최소한의 행정 처리도 버겁다. 결과적으로 주민들이 어디에 살고 어떤 기관을 만나느냐에 따라 지원받는 서비스의 품질이 달라지는 불평등이 발생한다. 기술 격차가 곧 사회적 격차로 확대되는 것이다.

따라서 중요한 것은 지금 바로 변화의 흐름에 발을 들이는 것이다. 시도 자체가 늦어지면 격차는 더욱 벌어지고, 나중에는 감당하기 힘든 차이가 된다. 오늘의 선택이 미래를 결정하는 기준선이 된다.

앞으로 비영리 조직의 미래는 단순히 어떤 미션을 갖고 있는가가 아니라, 그 미션을 어떤 방식으로 실행하는가에 따라 갈릴 것이다. 디지털 격차를 극복한 조직은 AI를 통해 더 많은 사람과 연결되고 더 큰 임팩트를 만들어 낼 것이다. 반대로 격차에 무관심한 조직은 점점 신뢰를 잃고, 사회 변화의 흐름에서 멀어질 수 있다. 지금의 선택이 미래를 가르는 분기점이 된다.

사람과 기술의 협력으로 여는 미래 전략

AI가 빠르게 발전하면서 많은 조직이 효율과 속도에 주목하고 있다. 그러나 비영리 조직의 미래를 결정짓는 핵심은 기술 그 자체가 아니라 사람과 기술을 어떻게 연결하는가에 달려 있다. 기술이 일하는 방식을 바꾸는 힘을 가졌다면, 그 힘이 어디로 향할지 정하는 것은 결국 사람이다.

AI는 수많은 데이터를 분석하고 숨겨진 패턴을 드러낼 수 있지만, 그 결과를 해석하고 사회적 의미를 부여하는 과정은 인간의 몫이다. 복잡한 상황에서 무엇이 정의로운 결정인지, 어떤 방식이 공동체를 더 안전하게 만드는지 판단하는 것은 여전히 사람의 역할이다. 따라서 미래 전략은 기술을 앞세우는 것이 아니라, 사람이 중심이 되어 기술을 다루고 활용하는 원칙을 세우는 데서 출발해야 한다.

여기에 중요한 것은 협력이다. 비영리 조직만으로는 AI를 제대로 활용할 수 없다. 현장을 가장 잘 아는 활동가, 시스템을 설계하는 개발자, 서비스를 직접 경험하는 당사자가 모두 함께 참여해야 기술이 완성된다. 누군가의 필요만 반영한 기술은 금세 한계를 드러낸다. 반대로 서로의 경험과 전문성이 결합되면, AI는 단순한 도구를 넘어 사회 문제 해결의 구조적 해법으로 발전할 수 있다.

사례관리 영역의 AI 시스템을 개발한다고 했을 때, 사회복지사는 사례관리의 맥락과 관계의 중요성을 알지만, 기술을 만드는 개발자는 데이터 구조와 알고리즘에 강하다. 여기에 서비스를 실제로 이용하는 노인이나 장애인의 경험이 더해져야 비로소 현실에 맞는 시스템이 만들어진다. 이 세 주체가 함께 참여할 때, 기술은 사람을 대신하는 것이 아니라 사람을 확장하는 도구가 된다.

비영리 조직은 이 과정에서 조정자이자 촉진자 역할을 맡을 수 있다. 개발자가 놓치기 쉬운 사회적 가치와 맥락을 제시하고, 당사자의 목소리를 끌어내어 기술 설계에 반영하는 것이다. 이렇게 만들어진 기술은 단순히 빠르고 편리한 수준을 넘어, 공동체가 공감할 수 있는 신뢰의 기반이 된다.

앞으로 비영리 조직의 전략은 기술 도입을 넘어, 사람과 기술이 만나는 구조를 어떻게 설계할 것인가에 달려 있다. 사람을 중심에 두고, 다양한 주체가 함께 참여하는 구조를 만들어 낼 때 AI는 진정한 의미의 혁신이 된다. 기술은 혼자서 완성되지 않는다. 현장의 경험, 개발자의 역량, 당사자의 경험과 목소리가 교차할 때 비로소 살아 있는 기술로 자리 잡는다.

AI는 길을 넓히지만, 그 길에 어떤 방향표를 세울지는 사람의 몫이다. 비영리 조직과 개발자, 당사자가 함께 걸어갈 때, 그 길은 단순한 효율의 도로가 아니라 모두가 공유하는 가치의 길이 된다. 미래 전략의 본질은 기술이 아니라, 그 기술을 함께 만드는 사람들의 연대와 협력에 있다. 그것이 AI 시대를 맞이하는 비영리 조직의 미래다.

참고문헌

사회적가치연구원(2023). "4차 산업혁명 기술로 인한 미래사회 영향 연구". 사회적가치연구원.

황흥기

넥스트임팩트 대표이자 사회복지사, 비영리분야 디지털혁신 컨설턴트다. 숭실대학교 사회복지대학원에서 석사학위를 받았고 “장애노인들의 성공적 노화 영향 요인 연구”(2014) 논문이 있다. 시립동작노인종합복지관, 우리마포복지관, 사회복지법인 기아대책 사무국장 등을 거쳐 비영리 현장에서 18년간 실무와 관리 경험을 쌓았다. 보건복지부 사회서비스정보시스템 구축 자문위원을 역임했으며, 현재 한국사회복지사협회 보수교육 강사와 서울사회복지사협회 운영위원 및 미래세대위원으로 활동하고 있다. 스마트워크, 정보보안, 생성형 인공지능을 주제로 전국의 비영리기관과 대학에서 800회 이상의 강의와 컨설팅을 진행하고 있으며, “사람과 기술의 연결로 비영리에 임팩트를 더하다”라는 비전을 실천하며 비영리 조직의 디지털 혁신을 돕고 있다.